THE ROARING TWENTIES

DIE WILDE WELT DER 20ER

Detlef Berghorn • Markus Hattstein

THE ROARING TWENTIES

DIE WILDE WELT DER 20ER

wbg THEISS

LONDON 77

Vom Metro-Land zum West End 80
Prince of Wales 82
Gangs und gangster 84
British Empire Exhibition 86
Bright Young People 88
Generalstreik 92
Paläste auf Rädern 94

PARIS 139

Geist und Kunst im Caféhaus 142
Surrealismus 144
Les Folies Bergère 146
Der Plan Voisin 150
Die Sechstagerennen 152
Art déco 154
Die schwarze Perle 158
Die Befreiung der Frau 160

NEW YORK 107

Amerika wird trockengelegt 110
Die Event-Meile 114
The New Negro 118
Ein steiniger Weg 120
Junge Frauen außer Rand und Band 122
Tanzfieber 126
Schwarze Entertainer 128
Triumph der „Talkies" 132
Action Hero 134
Black Days 136

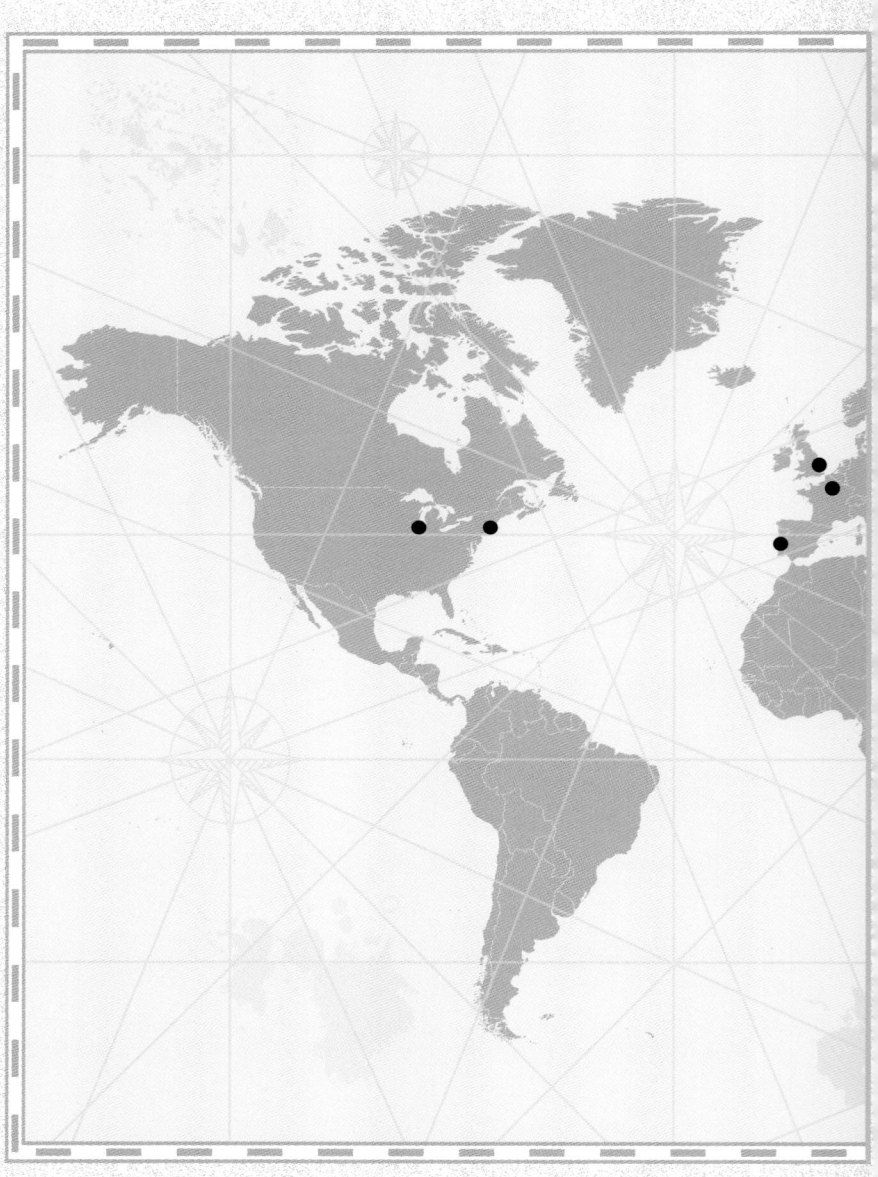

CHICAGO 53

Jazzmetropole Chicago 56
Von der Schlachtbank zum Fließband 60
„Scarface" Capone 62

LISSABON 67

Jazz Age in Lissabon 70
Kaffee und Kunst 72
Einmal Zukunft und zurück 74

ROM 163

Das dritte Rom 166
Massen in Bewegung 168
Im Rausch der
Geschwindigkeit 170

WIEN 195

Sozialer wohnen 198
Erforschung des
Seelenlebens 200
Diener zweier Herren 202
Kritiker im Caféhaus 204

BERLIN 7

Der Schatten des Krieges 10
Dada wird die Welt erretten! 12
Das Romanische Café 14
Das Berliner Kabarett 16
Queeres Eldorado 20
Modedroge Kokain 24
Potsdamer Platz 26
Die neuen
Vergnügungstempel 28
Schrecken der Moderne 32
Ringvereine 36
Massenmörder
in der Republik 38
Rasende Reporter 40
Neues Wohnen 42
Konsumpalast
im Arbeiterviertel 46
Strandleben am Stadtrand 48
Das ist die Berliner Luft 50

MOSKAU 97

Arbeiterklubs 100
Die Revolution kommt
ins Kino 102
Agitprop 104

SHANGHAI 173

Klein Russland 176
Shanghai Style 178
Die Green Gang 182

TOKIO 185

Modan Garu 188
Katastrophe und Beginn der Moderne 190
Die Architektengruppe Bunriha 192

BERL!N

LABOR DER MODERNE

Ein Zug durchquert die weite Landschaft, Felder, Dörfer, Stromleitungen, Brücken, Schrebergärten, Industrieanlagen, Neubauten einer Wohnsiedlung, Rangiergleise und Güterwaggons, Mietskasernen an der Strecke wie abgeschnitten, Werbung an den Brandmauern, Einfahrt in die Bahnsteighalle, Anhalter Bahnhof: Berlin. Der experimentelle Dokumentarfilm Berlin. Die *Sinfonie der Großstadt* von Walther Ruttmann aus dem Jahr 1927 führt den Zuschauer in die Millionenmetropole und begleitet ihre Bewohner über einen ganzen Tag bis in die hellerleuchteten, dichtbevölkerten Straßen der Nacht.

In vielerlei Hinsicht wurde Berlin erst in den Zwanzigerjahren zu einer Weltstadt – trotz aller politischen, wirtschaftlichen und sozialen Verwerfungen. Als 1920 sieben bisher eigenständige Stadtgemeinden sowie Dutzende Dörfer und Gutsbezirke mit dem „alten" Berlin vereinigt wurden, erreichte die Stadt im Wesentlichen ihre heutige Ausdehnung und Gestalt. Bald löste Groß-Berlin mit über vier Millionen Einwohnern Paris als drittgrößte Stadt der Welt ab hinter New York und London. Für das Bevölkerungswachstum waren nicht nur die Eingemeindungen verantwortlich, sondern auch der stetige Zuzug, unter anderem von zweitweise bis zu 400.000 Russen, die vor der Revolution geflohen waren.

Abgesehen von den reinen Zahlen- und Größenverhältnissen: Vor allem auf kulturellem Gebiet schloss Berlin, der „Spätzünder unter den Weltmetropolen", in den Zwanzigerjahren zu Paris, London und New York auf. „Das Alte und Morsche, die Monarchie sei zusammengebrochen – es lebe das Neue", hatte der Sozialdemokrat Philipp Scheidemann bei der Ausrufung der Republik am 9. November 1918 in Berlin verkündet. Dies betraf auch Kunst, Kultur und Wissenschaft. Die Hauptstadt der Weimarer Republik wurde zu einem Experimentierfeld und Versuchslabor für alles Neue: die Filme von Fritz Lang, Friedrich Wilhelm Murnau und Lotte Reiniger, die Forschungen von Albert Einstein und Magnus Hirschfeld, die Literatur von Alfred Döblin, die Malerei und Grafik von George Grosz und Jeanne Mammen, die Musik von Kurt Weill, die Reportagen von Egon Erwin Kisch und Joseph Roth, das Theater von Bertolt Brecht und Max Reinhardt.

Auch in Architektur und Stadtplanung ging Berlin neue Wege. Das „Neue Bauen" strebte nach ökonomisch-zweckmäßigen und gleichzeitig ästhetischen Lösungen für das drängende Problem der Wohnungsnot. Großprojekte wie die Hufeisensiedlung in Britz gehören heute zum UNESCO-Welterbe. Die Gesamtplanungen koordinierten ab 1926 der Stadtbaurat Martin Wagner und der Stadtrat für Verkehrswesen Ernst Reuter: Wie der Großstadt-Film von Ruttmann begriffen sie Berlin als einen lebendigen Gesamtorganismus, den es zu organisieren und zu optimieren galt. Die deutsche Hauptstadt sollte massentauglich werden und so einer republikanisch-demokratischen Gesellschaft Raum geben. Wagner prägte die utopische Vision der „Weltstadt", die er in Vorhaben wie dem „Weltstadtplatz" Potsdamer Platz, dem Umbau des Alexanderplatzes und dem „Weltstadtbad" Wannsee verwirklichen wollte.

Doch die Ausgangsbedingungen waren nicht günstig: Die Weimarer Republik war mit schweren Hypotheken belastet. Die Militärs hatten 1918 die undankbare Abwicklung des Weltkriegs zivilen Politikern überlassen, um diese anschließend für die harten Bedingungen des Versailler Friedensvertrags verantwortlich zu machen. Verschwörungstheorien wie die „Dolchstoßlegende" machten die Runde. Kaum an die Macht gelangt, ließen die Sozialdemokraten 1919 in den Berliner Märzkämpfen die Forderung nach radikaleren Veränderungen von Staat und Gesellschaft durch rechte, paramilitärische Einheiten blutig unterdrücken. So trat die Nationalversammlung im ruhigeren Weimar zusammen, um im August 1919 eine neue Verfassung zu verabschieden. Umsturzversuche wie der Kapp-Putsch 1920, Straßenkämpfe (Abbildung gegenüber), die Besetzung des Ruhrgebiets durch alliierte Truppen 1923, politische Morde etwa durch die rechte Terrororganisation Consul und ständige Regierungswechsel ließen die politischen Verhältnisse

nicht zur Ruhe kommen. Die hohen Reparationsforderungen der früheren Kriegsgegner schwächten die Wirtschaft die Hyperinflation, die 1923 ihren Höhepunkt erreichte, vernichtete Existenzen. Der ab 1924 einsetzende Aufschwung gründete vor allem auf ausländischem Kapital, das mit dem Beginn der Weltwirtschaftskrise 1929 wegbrach. Die Arbeitslosenzahlen schnellten in die Höhe. Und schließlich zerbrach die letzte Regierung, die sich noch auf eine parlamentarische Mehrheit stützen konnte, über einer leichten Erhöhung der Sozialleistungen. Bei den Neuwahlen im September 1930 wurde die NSDAP zur zweitstärksten Partei. Die Eröffnung der neuen Legislaturperiode wurde von pogromartigen Übergriffen ihrer Schlägertrupps auf jüdische oder vermeintlich jüdische Personen und Geschäfte begleitet – ein Vorgeschmack auf kommende Ereignisse.

Im Rückblick waren die Zwanzigerjahre in Berlin von einer hektischen Betriebsamkeit geprägt, einer ungeheuren Lebensgier und Aufbruchsstimmung, aber auch von Eskapismus und der Ahnung vom drohenden Ende.

DER SCHATTEN DES KRIEGES
EINE ZERSTÖRTE GENERATION

„Das habe ich mir vorgenommen", sagt der am Bein verletzte Albert zu seinem Schul-, nun Kriegskameraden Paul, „wenn sie mir einen Knochen abnehmen, mache ich Schluss. Ich will nicht als Krüppel durch die Welt laufen."

Ab dem 10. November 1928, einen Tag bevor sich zum zehnten Mal das Kriegsende jährte, erscheint in der Berliner Vossischen Zeitung ein Vorabdruck von *Im Westen nichts Neues*. In dem Roman schildert Erich Maria Remarque die Schrecken des Stellungskrieges an der Westfront aus der Sicht einer Gruppe junger Soldaten, die sich 1914 als Oberschüler freiwillig zum Krieg gemeldet hatten. Die Buchausgabe von 1929 erreicht eine riesige Auflage und wird noch im selben Jahr in mehrere Sprachen übersetzt; die gleichnamige Hollywood-Verfilmung von 1930 wird ebenfalls zu einem Welterfolg und mit einem Oscar ausgezeichnet. In Deutschland jedoch sehen nationalkonservative und rechtsextreme Kreise die Ehre der Streitkräfte beschmutzt. Zensur und Ausschreitungen sind die Folge; 1933 wird Remarques Buch von den Nazis verbrannt.

Dabei hätte es nicht eines Romans bedurft, die Leiden der Soldaten in Erinnerung zu rufen – sie bleiben allgegenwärtig. Kriegsversehrte gehören zum alltäglichen Straßenbild, die meisten leben im Elend. Der Maler Otto Dix hält die „Kriegskrüppel" in seinen Szenen fest, entstellt und bettelnd am Rand der Gesellschaft. Blinde tasten sich an Hauswänden entlang, Amputierte humpeln auf primitiven Holzstumpen oder schleppen sich mit zusammengezimmerten Rollwagen voran. Die geringen staatlichen Zuwendungen verschlingt die Inflation; typischerweise versuchen sich Invaliden durch den Verkauf von Streichhölzern, Schnürsenkeln oder anderen Kleinigkeiten über Wasser zu halten.

Hier zeigen sich die perversen Folgen des Fortschritts in Militärtechnik und Medizin: Anders als die Gewehrkugeln, Bajonettstiche und Säbelhiebe früherer Kriege zerfetzen die modernen Artilleriegranaten die Soldaten regelrecht, doch selbst schwerste Verwundungen, die in der Vergangenheit zum sicheren Tod geführt hätten, können nun behandelt werden. Ein durchorganisiertes Sanitätswesen, das in erster Linie die Verletzten möglichst schnell wieder kampfbereit machen soll, rettet vielen das Leben. Schätzungen für das Deutsche Reich gehen von etwa 2,7 Millionen Kriegsversehrten aus, hinzu kommen 200.000 Opfer posttraumatischer Belastungsstörung, wobei die Dunkelziffer sehr viel höher gewesen sein dürfte. „Kriegszittern" und „Granatenfieber" werden als „männliche Hysterie" abgetan und die Betroffenen wie schon in Kriegszeiten als Simulanten und Drückeberger beschimpft.

Eine Collage von Otto Dix zeigt die allgegenwärtigen Kriegsversehrten: *Prager Straße (meinen Zeitgenossen gewidmet)*, 1920

DADA WIRD DIE WELT ERRETTEN!
SINNZERSTÖRUNG UND PROVOKATION

Als Geburtsstunde des Dada gilt der Auftritt des als „Dada-Bischof" verkleideten Hugo Ball im Juli 1916 im von ihm gegründeten Café Voltaire in Zürich. Vorgetragen werden scheinbar sinnlose lautmalerische Gedichte, die die Zertrümmerung der Sprache und des Sinns feiern. Ihm schließen sich Hans Arp und Richard Huelsenbeck an, die das Programm um Material-Collagen erweitern. Huelsenbeck ist es, der den Funken nach Berlin überspringen lässt, wo er im April 1918 sein *Dadaistisches Manifest* als Bekenntnis zu Geräuschen, Farben und Rhythmen vorträgt. Der Funke trifft ein Pulverfass; sofort nehmen George Grosz, John Heartfield, Raoul Hausmann und andere die Botschaft auf und setzen sie in die Tat um. Der Berliner Dada ist deutlich aggressiver, radikaler und obrigkeitskritischer als der Züricher und um die Sinnlosigkeits- und Zerstörungserfahrungen des Weltkriegs angereichert, die die Künstler in ihren Gemälden, Zeitungscollagen und Fotomontagen von versehrten Kriegsheimkehrern verarbeiten.

Höhepunkt ist die Erste Internationale Dada-Messe, die von Juni bis August 1920 in der Berliner Galerie Burchard stattfindet und von „Marshall" George Grosz, „Dadasoph" Raoul Hausmann und „Monteurdada" John Heartfield veranstaltet wird. In den Ausstellungsräumen zertrümmern sie unter Lärmmusik und Zufallsgedichten die bürgerliche Kunst in aktionistische Antikunst und veralbern Obrigkeit und Militär mit einer Schneiderpuppe mit Glühbirnen-Kopf, deren „Gehirn an- und ausschaltbar" ist, oder eine von der Decke baumelnde Offiziersuniform mit Schweinemaske als „Preußischer Erzengel" mit der Botschaft „Vom Himmel hoch da komm ich her". Die Provokation ist gewollt und wird von der bürgerlichen Presse entrüstet bedient. Neben dem Kampf gegen Spießertum und Sinnsuche auch der modernen Kunst erfolgt das Bekenntnis zur modernen Technik sowie zu Tempo und Geräuschkulisse der Großstadt.

Den Höhepunkt des Dada-Aktionismus in Berlin verkörpert „Oberdada" Johannes Baader, der sich zum „wiedererstandenen Christus" erklärt und bereits im November 1918 ein denkwürdiges Christus-Happening im Berliner Dom veranstaltet. Mit Hausmann und Huelsenbeck geht er in den 20ern auf Dada-Tourneen und hat seinen letzten großen Auftritt 1930 auf einem Kongress der „Christus-Wiedergänger" in Thüringen, wo er sich mit dem Flugzeug als „wahrer Christus" einfliegen lässt.

Ende der 20er läuft sich die reine „Spaß-Guerilla" des Dada tot; wie der Pariser Surrealismus (vgl. Seite 144) steht er in der Kritik, zu unpolitisch zu sein. Die Aktivisten gehen ganz unterschiedliche Wege, doch die meisten machen später politische Kunst.

Raoul Hausmann, George Grosz, Hannah Höch und andere Dada-Künstler bei der Eröffnung ihrer Ausstellung in der Berliner Galerie Burchard, 5. Juni 1920

DAS ROMANISCHE CAFÉ
TREFFPUNKT DER KULTURSZENE

Bis zu seiner Schließung 1915 war der Treffpunkt aller Berliner Künstler und Literaten, die etwas auf sich hielten (und es sich leisten können, das zu zeigen), das Café des Westens am Kurfürstendamm – kurz „Café Größenwahn" genannt. Nach dessen Ende zieht die Hautevolee der Berliner Kunst- und Intellektuellenszene weiter zum Romanischen Café, einem großzügigen Kaffehaus im neoromanischen Stil am Breitscheidplatz, östlich der Kaiser-Wilhelm-Gedächtniskirche, mit hohen Räumen und großer Sonnenterrasse.

Hier verkehren in den Zwanzigern wirklich alle Schriftsteller, Maler, Schauspieler, Regisseure, Journalisten und Kritiker, die etwas gelten. Zu den Stammgästen zählen Bertold Brecht und Hanns Eisler, Gottfried Benn, Alfred Döblin, Erich Kästner, Egon Erwin Kisch, Erich Maria Remarque, Joachim Ringelnatz, Franz Werfel und Stefan Zweig sowie Otto Dix, George Grosz, Max Liebermann und Billy Wilder. Die Promis residieren im hinteren Raum mit 20 Tischen, dem sogenannten „Becken für Schwimmer", während der Hauptraum mit 70 Tischen von ihnen als „Becken für Nichtschwimmer" bezeichnet wird, wo die Normalsterblichen sitzen, während die Besucher der Terrasse die „Fremdlinge" sind.

Da im Hauptraum auch viele Jungliteraten, angehende Maler und Schauspieler warten, sich den Etablierten nähern zu dürfen und „entdeckt" zu werden, führen die Promis im Café ein harsches Regiment, indem sie den Nachwuchs vielfach gönnerhaft bis rüde abkanzeln und wieder „nach vorne" schicken. Dieser reagiert seinen Frust mit am Cafétisch gekritzelter „Asphaltliteratur" ab. Die junge jüdische Dichterin Mascha Kaléko schreibt:

„Ich bin das lange Warten nicht gewohnt, / Ich habe immer andre warten lassen. / Nun hock ich zwischen leeren Kaffeetassen / Und frage mich, ob sich dies alles lohnt."

Der „etablierte" Erich Kästner bemerkt 1928 dazu bissig: „Das Romanische Café ist der Wartesaal der Talente. Es gibt Leute, die hier seit zwanzig Jahren, Tag für Tag, aufs Talent warten. Sie beherrschen, wenn nichts sonst, so doch die Kunst des Wartens in verblüffendem Maße."

1927 erlebt das Romanische Café in seinen Räumen sowohl die Uraufführung von Friedrich Hollaenders Revue *Bei uns um die Gedächtniskirche rum* als auch den ersten Überfall eines SA-Schlägertrupps, der das Mobiliar zerschlägt und seinem Hass auf die meist linksliberalen bis „roten" Promis freien Lauf lässt. Nach 1933 müssen die meisten bekannten Gäste des Cafés emigrieren, 1943 zerstört ein alliierter Luftangriff das Gebäude.

Blick auf die Terrasse des Romanischen Cafés, wo die „Fremdlinge" sitzen. Um 1925

DAS BERLINER KABARETT
POLITIK, EROTIK, ARTISTIK

Die Berliner sind nach den Entbehrungen des Ersten Weltkriegs ausgehungert nach Unterhaltung und „Amüsemang", ein anspruchsvolles, aber dankbares Publikum für ausgelassene Abendunterhaltung, die die Nacht zum Tag macht. Das glanzvollste Show-Kabarett trägt den Namen seines Betreibers, Rudolf Nelson, der schon in der Kaiserzeit mit dem „Roland von Berlin" und dem „Chat Noir" bekannt geworden war und sich jetzt als Kabarettist, Pianist und Komponist entfalten kann.

1919/20 gründet er das Nelson-Theater am Kurfürstendamm und schreibt in den Zwanzigerjahren 30 Revuen sowie zahlreiche eingängige Schlager wie *Tamerlan* oder *Harem auf Reisen*. Er gewinnt Kurt Tucholsky als Texter seiner Revuen und lässt in seinem Haus die Karrieren etwa von Hans Albers, Marlene Dietrich und Claire Waldoff beginnen. Sein Theater wird zum Inbegriff der „Goldenen Zwanziger" in Berlin, besonders als auch noch Josephine Baker bei ihm auftritt, die der ebenfalls in Berlin ansässige Schriftsteller und Bohemien Karl Vollmoeller in New York entdeckt hatte.

Claire Waldoff ist *die* Chanson-Sängerin im Berlin der Zwanzigerjahre. Mit ihren feuerroten Haaren, dem Hosenanzug und der Berliner „Kodderschnauze" erobert sie mit ihren frechen Chansons von der freien Liebe, der emanzipierten Frau und der Berliner Lebensart, zu denen vor allem Walter und Willi Kollo und Rudolf Nelson die Melodien komponieren, das Herz der Hauptstadt. Lieder wie *Hermann heeßta*, *Nach meine Beene is ja janz Berlin verrückt* oder *Wer schmeißt denn da mit Lehm* werden zum Sound der 20er.

Noch ein anderer feiert seine größten Triumphe, der bereits im Kaiserreich begonnen hatte: Otto Reutter, Verfasser von über 1000 witzigen Couplets, die als *Unsterbliche Reutter-Vorträge* gedruckt werden und die er mit musikalischer Begleitung vorträgt. Mit seinem Kugelbauch, dem Lausbubengesicht und dem Bürstenhaarschnitt wirkt der Star des Varietés Wintergarten schon optisch urkomisch. Auch seine berühmtesten Lieder wie *Ich kann das Tempo nicht vertragen* und vor allem das sprachakrobatische Lied vom *Überzieher* sind in aller Munde, da er alle „modernen" Zeiterscheinungen aufs Korn nimmt.

Gäste am Eingang des Berliner Kabaretts Himmel und Hölle. Um 1925

folgende Doppelseite: Bei der „Haller-Revue" im Admiralspalast posieren barbusige Revuegirls im Stil der Quadriga auf dem Brandenburger Tor. Um 1927

QUEERES ELDORADO
ZWISCHEN DEKADENZ UND AUFKLÄRUNG

„War Berlins berühmte ‚Dekadenz' nicht hauptsächlich ein ‚Reklamespruch', den die Berliner in ihrem Wettbewerb mit Paris instinktiv entwickelt hatten?", fragt sich der britische Autor Christopher Isherwood. „Den heterosexuellen Mädchenmarkt hatte sich längst Paris unter den Nagel gerissen; was also konnte man da den Berlinbesuchern noch bieten außer einem Mummenschanz der ‚Perversionen'?"

Die Art und Weise, wie Isherwood, sein Freund W. H. Auden und andere den Sex für Geld mit Minderjährigen und jungen Männern aus armen Verhältnissen in der Rückschau literarisch verklären, mutet heute seltsam an, prägt aber wesentlich das Bild vom zügellosen Berliner Nachtleben der Zwischenkriegszeit. Die wirtschaftliche Not zwischen Hyperinflation und Weltwirtschaftskrise treibt viele in die Prostitution. Hinzu kommt die relative Gleichgültigkeit der Behörden. Verfügt man über harte Devisen, ist Berlin ein billiges Reiseziel. Allein 1930 kommen 280.000 ausländische Besucher in die Stadt, davon 40.000 aus den USA. Ihnen weist selbst ein traditionsreicher Reiseveranstalter wie Thomas Cook den Weg zu dem berühmt-berüchtigten Nachtklub Eldorado in Schöneberg mit seinen Travestieshows und „Tuntenbällen". Hier treffen Promis aus Hollywood, voyeuristische Touristen und die lokale Schickeria auf Paradiesvögel, Crossdresser und Stricher.

Die Millionenmetropole Berlin bietet den Schutz der Anonymität und gleichzeitig Entfaltungsmöglichkeiten innerhalb einer lebendigen queeren Szene. Davon zeugen nicht zuletzt gut 30 Zeitschriften und Magazine wie *Der Eigene*, das *Jahrbuch für sexuelle Zwischenstufen*, *Geißel und Rute*, *Die Ehelosen* oder *Garçonne*.

Von besonderer Bedeutung ist Berlins früher Beitrag zur Erforschung und Akzeptanz der Homosexualität und des queeren Lebens allgemein. Im März 1919 gründet Magnus Hirschfeld hier das weltweit erste Institut für Sexualwissenschaft. Es bietet Sexualaufklärung sowie medizinische und psychologische Beratung – auch für Heterosexuelle, etwa bei Eheproblemen oder zur Empfängnisverhütung. Eine Klinik und ein Museum ziehen Hilfesuchende und Interessierte aus aller Welt an. Lobbyarbeit, Kongresse und Publikationen wenden sich an eine breite Öffentlichkeit und gegen die staatliche Verfolgung durch den Paragrafen 175, der sexuelle Handlungen zwischen Personen männlichen Geschlechts unter Strafe stellt.

Moralapostel, Konservative und Rechtsextreme bekämpfen die Exponenten des queeren Berlins, allen voran Hirschfeld. Kurz nach der Machtübernahme der Nazis wird sein Institut für Sexualwissenschaft zerstört; Magnus Hirschfeld stirbt 1935 im Exil.

„Wenn die beste Freundin mit der besten Freundin..." trällerte der Eldorado-Stammgast Marlene Dietrich. Foto aus der Berliner Illustrierten *Das Magazin*, 1925

folgende Doppelseite: Schwofen ohne Frauen im Nachtklub Eldorado in der Motzstraße. 1926

MODEDROGE KOKAIN
ZWISCHEN VERGNÜGEN UND VERFALL

In *Cocain* skizziert der Berliner Journalist Franz Wolfgang Koebner 1921 den Drogenkonsum in einem mondänen Etablissement, in dem sich „die Atmosphäre der Begierde, der Parfüms und der Jazz-Band" wie ein dichter Schleier um die Gäste legt: „Ab und zu glitten unnatürlich weiße Hände über die Tische und tasteten nach einem weißen Pulver, das in kleinen Häufchen lose auf den Tischen lag. Ungeniert führten die zitternden Finger das Gift zu der vibrierenden Nase. Die Augen leuchteten, die Körper strafften sich, als ob ein neuer Jazz die Glieder erzittern ließ."

In Berlin ist der Genuss von Kokain vor allem eine Modeerscheinung in den teuren Vergnügungsstätten um die Tauentzienstraße und den Kurfürstendamm im Westen der Stadt, wo die Droge relativ offen konsumiert wird. Hier sorgen Portiers, Garderobieren und Kellner für Nachschub, doch auch auf der Straße ist der illegale Stoff zu bekommen: In den Auslagen von Zigarettenverkäufern, im Hutfutter oder unter einem Strumpfband lassen sich die Kokainpäckchen gut vor den Drogenfahndern der Polizei verstecken. Als ein Berliner Juwelier 1925 in Werbeanzeigen explizit goldene Kokaindosen als ideales Geschenk für die elegante Dame von Welt anpreist, schreitet das Reichsgesundheitsamt ein; schließlich darf Kokain offiziell nur auf Rezept erworben und zu medizinischen Zwecken verwendet werden.

Kokain hat ebenso wie Morphium im Weltkrieg zur Behandlung von Verwundeten große Verbreitung gefunden. Im Gegensatz zum betäubenden Morphium, das eher im Stillen konsumiert wird, ist das anregende Kokain ein „ausgesprochenes Geselligkeitsgift", wie ein zeitgenössischer Experte kommentiert. Schnell wird es mit der Halb- und Lebewelt der Großstädte assoziiert; Berlin gilt gar als Kokainmetropole, obwohl sich die vermeintliche Drogenwelle statistisch nicht belegen lässt. Hier verbindet sich eine konservativ-kulturpessimistische Kritik an den als degeneriert empfundenen Vergnügungen der neuen Republik mit der Selbstinszenierung lebenshungriger Künstler und Intellektueller. So gehört der „Kokaintanz", der die Ekstase des Drogenkonsums bis zum Tod darstellen soll, zum festen Repertoire der Tänzerin und Schauspielerin Anita Berber, einer schillernden Femme fatale, die Ausdruckstanz mit Pornografie kombiniert und mehr als einmal von der Sittenpolizei von der Bühne gezerrt wird. Ausgezehrt von Alkohol, Morphium und Kokain bricht sie auf einer Auslandstournee zusammen und verstirbt 1928, noch keine 30 Jahre alt, als wohl prominentestes Drogenopfer ihrer Zeit.

Lust und Laster aus der Puderdose: Titelseite zu *Cocain* von Franz Wolfgang Koebner, 1921

COCAIN

Mondaine u. demimondaine Skizzen von

F. W. KOEBNER

GROTILGO VERLAG BERLIN

POTSDAMER PLATZ

BERLINS „WELTSTADTPLATZ"

Am Potsdamer Platz verdichtet sich das städtische Leben Berlins, Tag und Nacht. Hier treffen fünf große Straßen, zwei Fernbahnhöfe sowie mehrere U-Bahn-, Straßenbahn- und Buslinien aufeinander, dazu Fußgänger, fliegende Händler und immer mehr Kraftwagen. Der verkehrsreichste Platz Europas steht in den Zwanzigerjahren regelmäßig vor dem Kollaps. Die erste Verkehrsampel Deutschlands soll ab 1924 für Ordnung sorgen, doch obwohl der fünfeckige Turm sofort zu einem Wahrzeichen der Stadt wird, ist er verkehrstechnisch keine effektive Lösung. Pläne für eine grundsätzliche Entflechtung des Verkehrs durch Tunnel, Hochstraßen oder einen Kreisverkehr kommen wegen Weltwirtschaftskrise und Zweitem Weltkrieg nicht mehr zur Ausführung. So bleib das Chaos ein Ärgernis und eine Attraktion zugleich.

Einen unverstellten Blick auf das Treiben bietet der „Balkon von Berlin", die Terrasse des historischen Künstlercafés Josty. Darüber prangen gewaltige Leuchtreklamen. Das kaiserzeitliche Gebäude nebenan verschwindet ganz hinter einer neuen Fassade, die vor allem Werbetafeln Platz bieten soll: Konsum und Verkehr, das zeigt sich nirgends deutlicher als am Potsdamer Platz, werden zu gestalterischen Kräften, die fortan die Entwicklung des Stadtraums bestimmen werden.

Dem Bedürfnis der Zeit nach Zweckmäßigkeit und Modernität entsprechen die Geschäftshäuser im Stil der Neuen Sachlichkeit, die in der Umgebung des Platzes entstehen, wie das Telschowhaus mit seiner geschwungenen Fassade aus Opalglas und den charakteristischen horizontalen Fensterbändern, das Europahaus in der Königgrätzer Straße (ab 1930 Stresemannstraße) mit dem benachbarten, noch expressionistischen Deutschlandhaus und zuletzt das neungeschossige Columbushaus. An frühere Zeiten erinnern das elegante Kaufhaus Wertheim am anschließenden Leipziger Platz sowie die zahlreichen Blumenverkäuferinnen, für die die Gegend bekannt ist.

Dass der Verkehrsknotenpunkt auch nachts nicht zur Ruhe kommt, dafür sorgen nicht zuletzt Berlins größter Amüsierbetrieb, das Haus Vaterland (vgl. Seite 28), sowie das Weinhaus Rheingold der Aschinger-Restaurantkette. Vornehmer geht es im Hotel Esplanade in der Bellevuestraße zu, neben dem Adlon das berühmteste Grandhotel der Stadt, in dem Adelige, Industrielle und Hollywoodstars verkehren.

DIE NEUEN VERGNÜGUNGSTEMPEL
ERLEBNISGASTRONOMIE UND TANZKLUBS

Die Lichter verdunkeln sich, ein Gewittersturm bricht los, Blitze zucken, Donner grollt und Regen prasselt gegen die Scheiben, die den Blick auf das Rheintal freigeben mit seinen Weinbergen und Burgruinen – all das allerdings *en miniature* und mitten in Berlin. Ist in den metertiefen Panoramen das Unwetter im Halbstundentakt vorübergezogen, tanzen rheinische Girls unter Rebengirlanden und kostümierte Burschenschafter besingen die Verlockungen der Loreley. Neben der Wettersimulation in den Rheinterrassen bietet das Haus Vaterland am Potsdamer Platz (vgl. Seite 26) unter anderem eine Wildwestbar und einen Wiener Heurigenausschank, ein türkisches Café mit Wasserpfeifen und Berlins stärkstem Mokka, eine italienische Osteria und eine spanische Bodega. Im Münchener Löwenbräu feiert man jeden Tag Oktoberfest, und zünftige Madln und Buam jodeln und schuhplatteln für Hauptstädter und Touristen.

Das „Monsteretablissement mit all seinen Abteilungen, dies kulinarische Völkerkundemuseum von Kempinski", so der Berliner Schriftsteller Franz Hessel, empfängt rund eine Million Besucher pro Jahr. Zum selben Komplex, den die Weinhändler- und Hoteliersfamilie Kempinski 1928 übernimmt und aufwendig umbaut, gehören ein Ufa-Kino, das eigentliche Kaffee Vaterland – vor dem Weltkrieg noch unpatriotisch Café Piccadilly genannt – sowie der berühmte Palmensaal unter der markanten Kuppel des Gebäudes. Hier sorgt ein extra abgefederter Parkettboden für beschwingtes Tanzvergnügen. Vom obersten Stockwerk aus beliefert eine hochmoderne Großküche alle Themenrestaurants mit exotischen Speisen.

Technische Innovationen gehören zum Erfolgsrezept der Vergnügungstempel. Das Berliner Publikum ist verwöhnt und die Konkurrenz groß. Eine Vorreiterrolle nimmt das Residenz-Casino in Friedrichshain ein, kurz „Resi" genannt. Im Jahr 1927 gibt es hier die ersten Tischtelefone, die bald in keinem Nachtklub mehr fehlen dürfen. Ab 1929 soll zudem eine Signalanlage die Kontaktaufnahme unter den Gästen erleichtern: Bei rotem Licht sind Anrufe oder Aufforderungen zum Tanz erwünscht, bei blauem Licht will man lieber ungestört bleiben. Als „Dolmetscher für Schüchterne" dient eine Rohrpost, über die sich Pralinen oder spontane Selfies aus einem Fotoautomaten verschicken lassen. Die Auftritte der zwei Orchester, die sich ununterbrochen abwechseln, werden von Licht- und Wassershows erleuchteter Fontänen begleitet. Zehntausende Glühbirnen – man hat sie in einem Wettbewerb sogar einmal zählen lassen – reflektieren sich in den Spiegeln der sogenannten Resi-Konfetti-Lichtkugeln, den ersten Discokugeln der Welt.

Dreivierteltakt war gestern: Der Charleston erobert Berlin. Fotomontage aus der Berliner Illustrierten *Das Magazin*, 1927

folgende Doppelseite: Europas größter Vergnügungspark feiert Karneval im Wellenbad des Luna-Parks. Berlin, 1929

SCHRECKEN DER MODERNE
FRITZ LANGS *METROPOLIS*

Heute zählt er zu den bedeutendsten Werken der Filmgeschichte; er wurde 2001 als erster Film ins UNESCO-Weltdokumentenerbe aufgenommen. Doch als Regisseur Fritz Lang 1925/26 seinen monumentalen Film *Metropolis* dreht, zu dem seine Ehefrau Thea von Harbou das Drehbuch schreibt, weist wenig auf dessen spätere Bedeutung in der Filmgeschichte hin.

Die Handlung ist komplex, dramatisch und vielschichtig und nimmt klassische und biblische Motive auf. Im Kern geht es um eine strikte Zwei-Klassen-Gesellschaft, in der die oberirdisch lebende Oberschicht in Luxus und Vergnügen lebt, während unter der Erde, in der „Unterstadt", Heere von zu Nummern degradierten Arbeitern im Gleichtakt an Maschinen schuften, um alles am Laufen zu halten. Regiert wird die Stadt „Metropolis" von einem Alleinherrscher im „Neuen Turm Babel". Dessen Sohn Freder verliebt sich in Maria, eine Bewohnerin der Unterstadt, und wird im Verlauf des Films zum Christus-artigen Mittler zwischen den Welten.

Der Herrscher lässt eine Maschinen-Maria als Doppelgängerin der Maria kreieren, die den Arbeitern alle Hoffnung auf einen Mittler nehmen soll. Die lasziv auftretende Maschinen-Maria hetzt die Arbeiter zum Maschinensturm, besonders auf die zentrale „Herz-Maschine". Beim Toben des entfesselten Mobs wird die Maschinen-Maria verbrannt bis auf den Metallkern, der Schwindel wird offenbar. Schließlich erreichen Freder und die echte Maria eine Versöhnung des Herrschers, der sein Vaterherz entdeckt, mit den Arbeitermassen.

Beeindruckend sind die Kulissen einer aus einheitlichen, abweisenden Hochhäusern bestehenden Stadt, der Einsatz von Verkehrs- und Maschinentechnik und das immer wiederkehrende Motiv der Herrschaft der Maschine über den Menschen bis hin zur Führung der Arbeiter und des Mobs durch einen Maschinenmenschen. Der Film gilt als klassische Dystopie, als „negative Utopie", die Tendenzen des modernen Lebens überzeichnet und filmisch mit ihrem Licht- und-Schatten-Spiel und übereinander kopierten Negativen, Langs Markenzeichen, bis heute verstörend wirkt. Die am Ende propagierte Versöhnung unter dem Motto „Mittler zwischen Hirn und Händen muss das Herz sein" wirkt aufgesetzt und findet schon den Spott der Zeitgenossen.

Bei der Premiere 1927 fällt der Film erst einmal durch. Der *Berliner Börsen-Courier* sieht „ein sachliches Thema grausam verkitscht", der *Simplicissimus* ätzt: „Nimm zehn Tonnen Grausen, gieße ein Zehntel Sentimentalität darüber, koche es mit sozialem Empfinden auf und würze es mit Mystik nach Bedarf …" und H. G. Wells schreibt in New York, er habe „den albernsten Film überhaupt gesehen". Lang lässt den Film um etwa ein Viertel kürzen und vernichtet alle Kopien der Erstfassung. Und damit beginnt die Erfolgsgeschichte des Werks.

Die futuristischen, von Hochhäusern gesäumten Straßen mit Blick auf den neuen Turm Babel im Film *Metropolis*. 1925

folgende Doppelseite: Fritz Lang (sitzend rechts) mit Brigitte Helm als „Falsche Maria" während einer Tanzprobe zu *Metropolis*. 1925

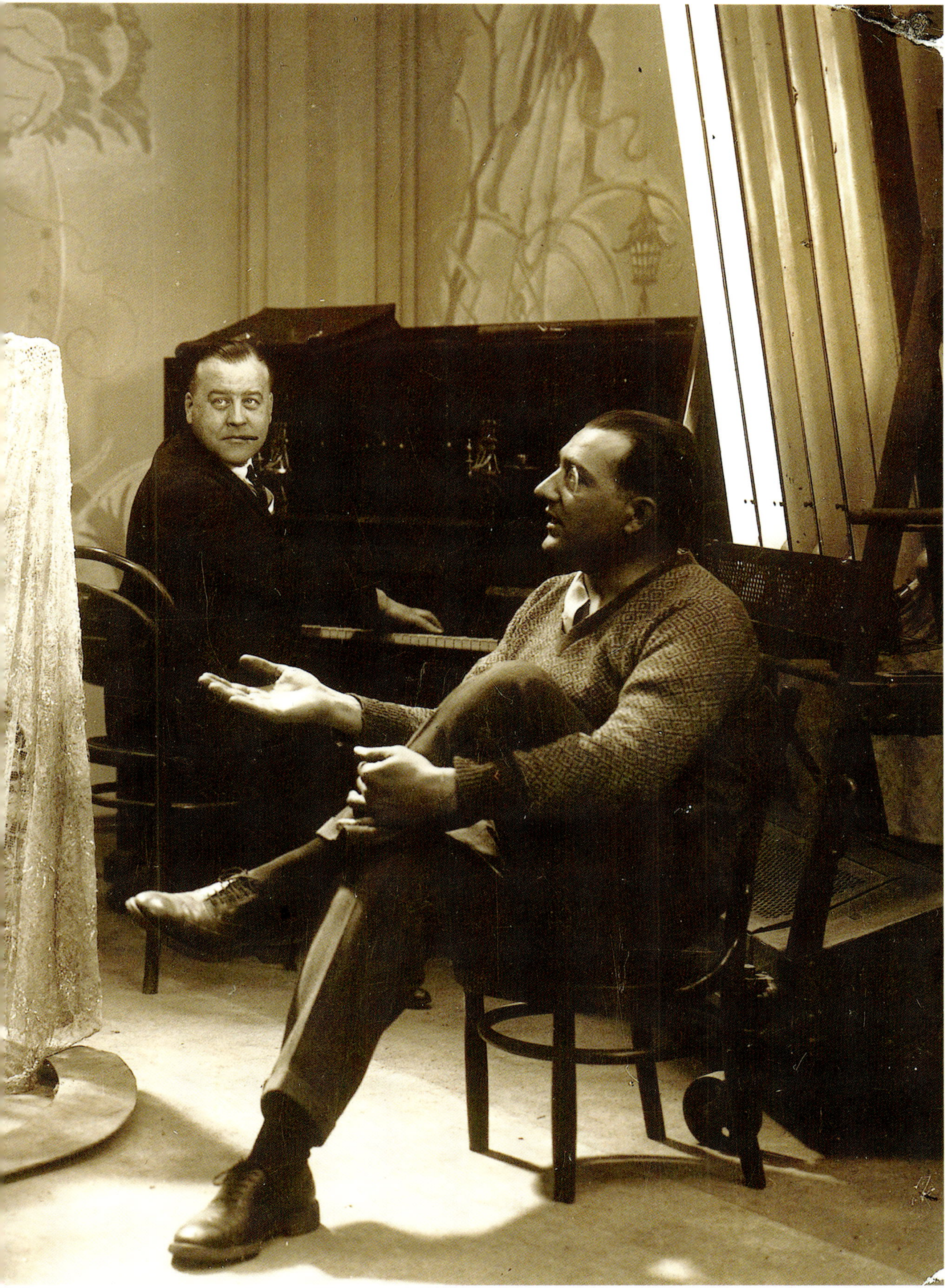

RINGVEREINE
BERLINS ORGANISIERTE UNTERWELT

Die neuen Freiheiten und Freizügigkeiten, das verruchte Nachtleben und die Bevölkerungszunahme lassen die Verbrechensrate im Berlin der Zwanzigerjahre drastisch ansteigen. Doch die Polizei rüstet auf. Der schwergewichtige Leiter der Mordinspektion Ernst Gennat, der „Buddha vom Alex", wird zu einem weltweit führenden Kriminalisten, entwickelt neue Standards der Tatort- und Spurensicherung, stellt Kriminalisten zu Teams zusammen und kreiert mit seinem „Mordbereitschaftswagen" ein mobiles, voll ausgestattetes Kriminallabor.

Anfangs weniger im Blick ist das organisierte Verbrechen. Die sich als harmlose „Geselligkeitsvereine" tarnenden Ringvereine sind straff organisierte, verschworene Gemeinschaften, die nach festen Regeln vor allem in den Vierteln um den Schlesischen Bahnhof von Läden, Lokalen und kleinen Gewerbetreibenden Schutzgelder erpressen. Sie sind an ihren Vereinsringen zu erkennen, tragen farbige Namen wie „Mollen-Albert", „Klamotten-Emil" oder „Latten-Paule" und halten im Gegenzug die „Rabenjungs", die kleinen Gauner und Straßendiebe, unter Kontrolle. Sie zahlen in eine Vereinskasse ein, aus der Ringbrüdern, die mit dem Gesetz in Konflikt geraten, Anwälte und den Familien Unterhalt bezahlt wird. Einige dieser Unterwelt-Größen sind reale Vorbilder für Mackie Messer in Bertold Brechts *Dreigroschenoper*.

Die mächtigste Organisation ist der Ringverein Immertreu unter seinem Präsidenten Adolf Leib, genannt „Muskel-Adolf". Ende 1928 wird ein Ringbruder bei Auseinandersetzungen mit Hamburger Zimmerleuten lebensgefährlich verletzt. Muskel-Adolf trommelt die befreundeten Ringvereine zusammen und es kommt zu mehrtägigen Massenschlägereien mit den Zimmerleuten unter Einsatz von Schlagwaffen und Werkzeugen aller Art. Im Verlauf der größten Schlägerei fallen Schüsse, und als die Polizei den Platz räumt, liegen zwei Tote und vier Schwerverletzte auf dem Straßenpflaster.

Die empörte Presse spricht von der „größten Verbrecherschlacht, die Berlin je erlebte" und fordert ein hartes Durchgreifen gegen die Unterwelt. Im spektakulären „Immertreu-Prozess" im Februar 1929 werden die Ringbrüder von den berühmtesten Anwälten der Zeit, Max Alsberg und Erich Frey, verteidigt, die für ihre Mandanten auf Notwehr plädieren. Nur Muskel-Adolf und sein Stellvertreter Mollen-Albert erhalten geringe Strafen, alle anderen gehen frei aus. Die Ringvereine stehen jedoch seither unter Beobachtung von Presse und Öffentlichkeit und büßen viel von ihrer Macht ein. 1934 verhaftet die Gestapo Muskel-Adolf und andere Ringbrüder als „Gewohnheitsverbrecher"; sie kommen im KZ um.

Das demolierte Lokal Naubur in Berlin-Friedrichshain, Schauplatz der berüchtigten Ringverein-Massenschlägerei 1928

BERLIN 37

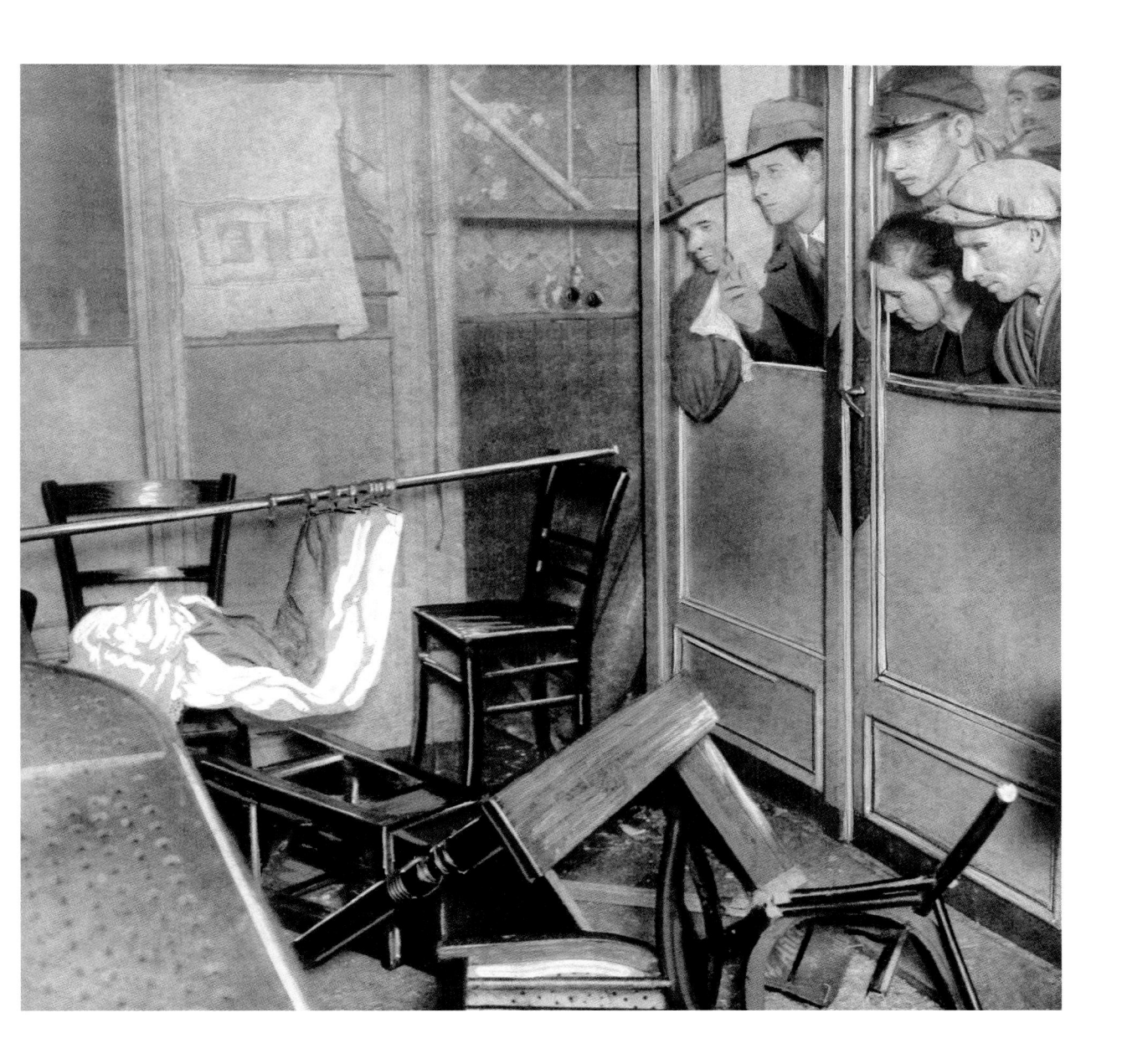

MASSENMÖRDER IN DER REPUBLIK
MORDTATEN IM GROSSSTADT-DSCHUNGEL

In den Zwanzigerjahren werden zahlreiche Serienmörder enttarnt, deren Taten Öffentlichkeit und Presse elektrisieren. Die nun unzensierte Presse schreibt ausführlich über Taten und Täter, im reißerischen Boulevard-Stil, aber auch mit solider Information. Polizei- und Gerichtsreporter wie der Berliner Sling (Paul Schlesinger) rücken in die erste Reihe der Journalisten. Das Thema lässt die Presse nie wieder los.

Ab 1918 macht der sogenannte „Massenmörder vom Falkenhagener See" das Berliner Naherholungsgebiet Falkenhagener Forst unsicher. Scheinbar wahllos erschießt er Förster, Gendarmen und Wanderer, zumeist Liebespaare, wobei er die Frauen vorher vergewaltigt. Schließlich wird der Schlosser Friedrich Schumann verhaftet, der im Weltkrieg zum MG-Schützen ausgebildet und mit dem Eisernen Kreuz belobigt worden war. Angeklagt wird er für elf Morde und 13 Mordversuche, das Todesurteil ergeht für sechs Morde und elf Mordversuche. Da sich die junge Republik mit der Todesstrafe schwertut, beginnt ein Tauziehen um das Leben des ersten Massenmörders der Weimarer Republik, obwohl Schumann seinen eigenen Tod will. Schließlich wird er im August 1921 in Plötzensee hingerichtet. Am Vorabend seines Todes gesteht er detailliert 25 Morde.

Ein weiterer Fall: Zwischen 1918 und 1921 fischt man in Berlin die Leichenteile von 23 Frauen aus dem Luisenstädtischen Kanal und dem Engelbecken. Im August 1921 wird der Hausierer Carl Großmann in flagranti über seinem letzten ermordeten Opfer in seiner Wohnung gestellt. Am Schlesischen Bahnhof hat er junge, ankommende Mädchen auf Arbeitssuche angesprochen und sie mit Versprechungen in seine Wohnung gelockt. Großmann hat ein unfassbares Vorstrafenregister, darunter die Vergewaltigung zweier Mädchen, von denen eines starb. Dafür saß er 15 Jahre in Haft. Da er kaum etwas zugibt, können nur drei Morde sicher nachgewiesen und in die Klageschrift aufgenommen werden. Im Juli 1922 erhängt sich Großmann zu Prozessbeginn in seiner Zelle.

Bis heute bekannt ist der Fall Fritz Haarmann in Hannover, der ähnlich wie Großmann vorgeht und auf dem Bahnhof streunende junge Männer und Ausreißer anspricht. Er tötet sie bei sexuellen Handlungen in seiner Mansarde und zerstückelt die Leichen. 27 Opfer werden ihm bei der Verhaftung 1924 angelastet, verurteilt wird er für 24. Der Prozess erlebt tumultartige Szenen, die Presse überschlägt sich mit „Enthüllungen". 1925 endet Haarmann unter dem Fallbeil. Da er die Kleider seiner Opfer verkaufte, hält sich hartnäckig das Gerücht, er habe auch ihr Fleisch verarbeitet und verkauft. Der Volksmund dichtet daher einen bekannten Schlager von Paul Lincke um:

„Warte, warte nur ein Weilchen,
bald kommt Haarmann auch zu dir,
mit dem kleinen Hackebeilchen
macht er Schabefleisch aus dir ..."

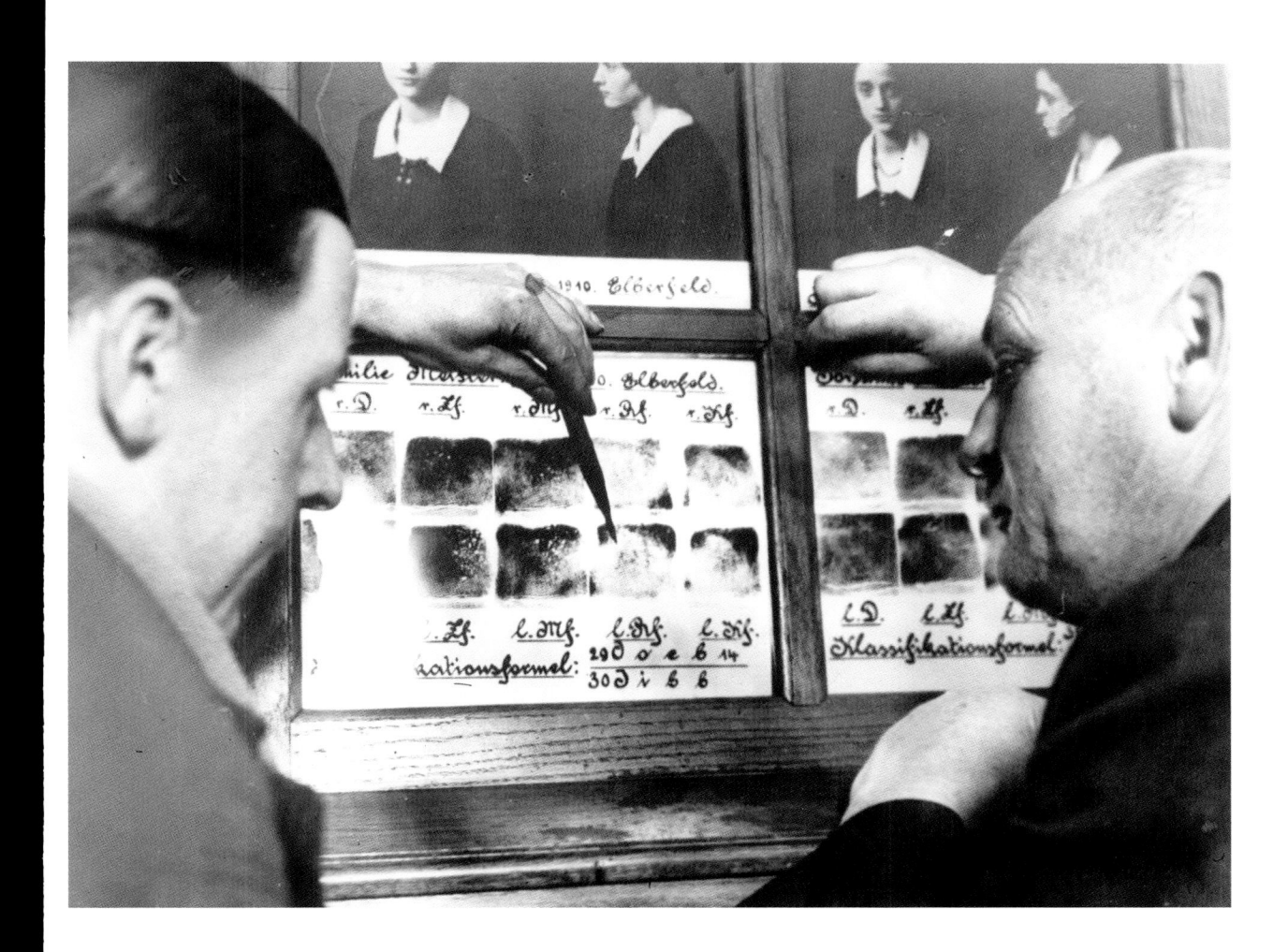

Geschulte Berliner Kriminalisten untersuchen
und vergleichen Fingerabdrücke aus der
Verbrecherkartei. 1930

RASENDE REPORTER
DIE PRESSEHAUPTSTADT

Die Weimarer Republik und allen voran die Hauptstadt sind „zeitungsverrückt". Im Jahr 1928 gibt es allein in Berlin 2633 Zeitungen und Zeitschriften, darunter 147 politische Tageszeitungen. Das Spektrum reicht von der kommunistischen *Roten Fahne* bis zum nationalsozialistischen *Angriff*. Der Zeitungsmarkt wird von drei großen Verlagshäusern dominiert, die alle im Zeitungsviertel um die Kochstraße konzentriert sind: Ullstein und Mosse decken das linke bis liberale Publikum ab, Sperl bzw. die Hugenberg-Mediengruppe, die 1927 auch die Ufa-Filmstudios mit ihren Wochenschauen übernimmt, gilt als konservativ bis nationalistisch und verhilft ab 1929 Adolf Hitler zu einer reichsweiten Prominenz. Den Druckbetrieb verlegt Ullstein Mitte der Zwanzigerjahre nach Tempelhof: Im Ullsteinhaus, dem seinerzeit höchsten Hochhaus des Reichs und größten Druckzentrum Europas im Stil des Backsteinexpressionismus, stehen die Druckerpressen niemals still. Viele der großen Blätter haben zwei, manche sogar drei Auflagen am Tag, um ihre Leserschaft möglichst zeitnah über die neuesten Regierungskrisen, Börsenkurse, Premieren und Sportereignisse zu informieren; Zeitungskioske und Straßenverkäufer prägen das Berliner Straßenbild.

Traditionelle Tageszeitungen wie die *Vossische Zeitung* von Ullstein oder das *Berliner Tageblatt* von Mosse richten sich an ein Massenpublikum, wahren in ihren Beiträgen aber auch ein hohes literarisches Niveau. Zu den regelmäßigen Autorinnen und Autoren der beiden Verlagshäuser gehören Vicki Baum, Erich Kästner, Erika und Klaus Mann, Kurt Tucholsky und viele mehr. Das 1928 gegründete Boulevardblatt *Tempo* verbreitet sensationslüstern den rasanten Zeitgeist, *Die Dame* spiegelt das Ideal der berufstätigen und modebewussten „Neuen Frau" im androgynen Chic und *Die Grüne Post* – Ullsteins größter Erfolg – kommt mit ihrer Millionenauflage jeden Sonntag dem offenbaren Bedürfnis der Großstädter nach Beschaulichkeit und Naturverbundenheit entgegen.

Ganz wesentlich zur Presselandschaft der Zwischenkriegszeit gehören die Reportagen von Auslandskorrespondenten wie Joseph Roth und Egon Erwin Kisch, dem selbsternannten „Rasenden Reporter": In einem eindrücklichen Stil verbinden sie Momentaufnahmen mit fundierten Analysen und Wertungen. „Diese Stadt, in ihrer Hast herzlos, nüchtern durch ihren deutlichen Drang zur Zweckmäßigkeit und dort, wo sie gefühlvoll zu sein versucht, so oft an der Peripherie des Kitsches", fasst Roth 1925 seinen Eindruck von Berlin zusammen.

Die eiligsten Aufnahmen werden unterwegs in einer mobilen Motorraddunkelkammer entwickelt. Um 1925

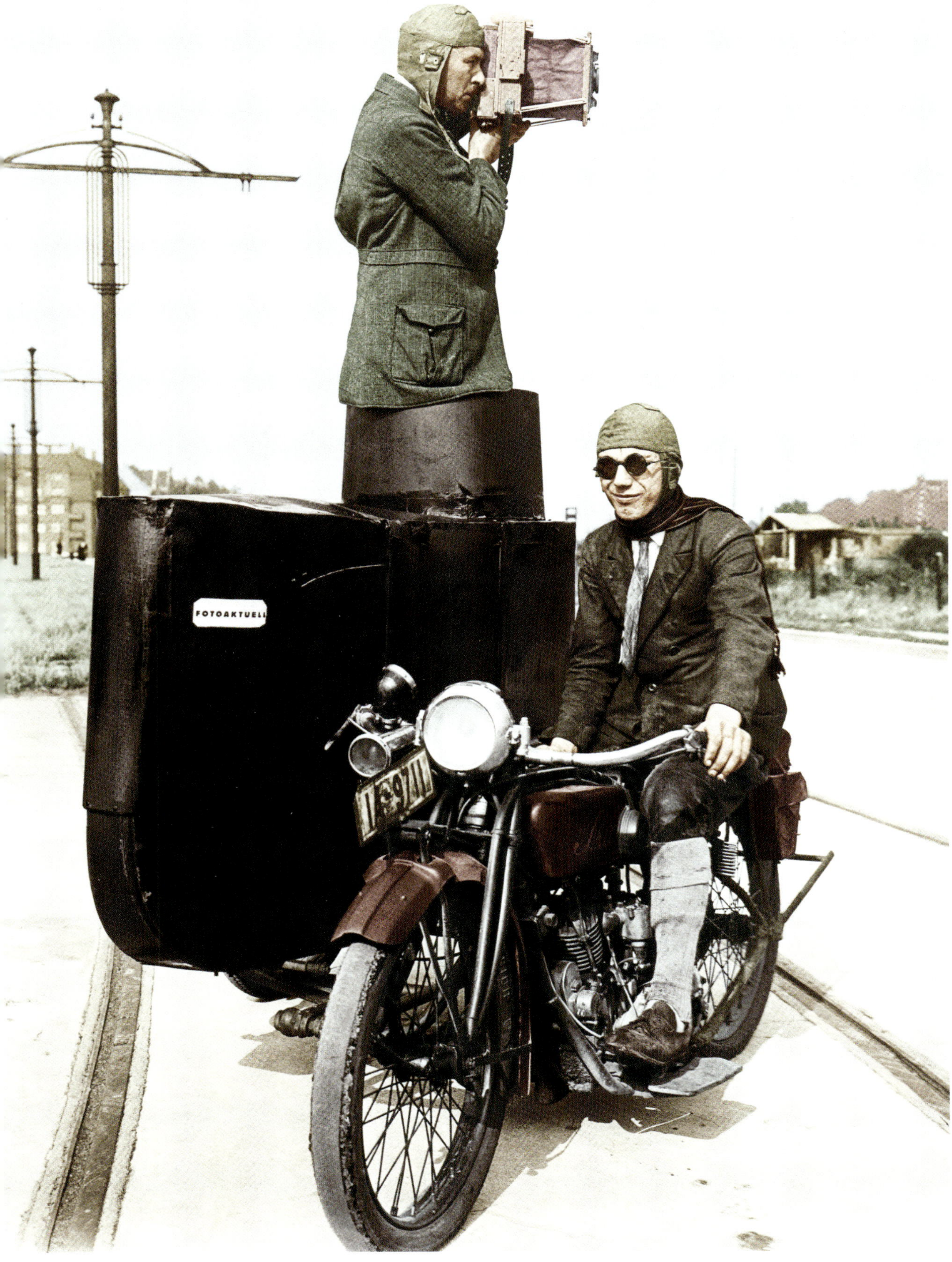
FOTOAKTUELL

NEUES WOHNEN

DIE HUFEISENSIEDLUNG IN BRITZ

Nach dem Ersten Weltkrieg steht Berlin durch Kriegsheimkehrer, verstärkten Zuzug, Arbeitslosigkeit und Überbelegung der oft kleinen und ärmlichen Behausungen der unteren Schichten unter Zugzwang, neuen, günstigen Wohnraum zu schaffen. Wie das auf diesem Gebiet führende Wien (vgl. Seite 195) beginnt auch die deutsche Metropole mit dem Bau moderner Sozialsiedlungen.

Die Kommune beginnt im erst 1920 eingemeindeten Britz ab 1924/25 mit dem Bau der Großsiedlung Britz, deren Häuser an neu angelegten Straßen liegen und gute Verkehrsanbindung besitzen. Die Planung obliegt der Gemeinnützigen Heimstätten-Aktien-Gesellschaft GEHAG, die unter Stadtbaurat Martin Wagner sozialreformerische Projekte realisiert. Wagner beauftragt den wegweisenden Architekten Bruno Taut mit dem Bau der berühmten Hufeisensiedlung, einem Vorzeigeprojekt der „Berliner Moderne".

Taut realisiert zwischen 1925 und 1930 den Kernbereich der ersten sechs Bauabschnitte (der siebte kommt 1932/33 hinzu) auf rund 29 ha mit dreigeschossigen Reihenhäusern, in denen 1285 Wohnungen entstehen, sowie 679 Reihenhäusern mit Gärten. Die 472 Reihenhäuser der ersten und zweiten Phase wirken mit ihren Giebeldächern und Gärten hinterm Haus eher dörflich, die 1929/30 errichteten 207 Reihenhäuser mit Pultdach und Garten vorm Haus deutlich moderner.

Geradezu revolutionär wirkt Tauts Einsatz der Farben. Die Fronten haben gelbe und rote Klinkerverblendungen, die langen Fassaden der Fritz-Reuter-Allee hält er in Ochsenblutfarbe, dem typischen „Berliner Rot". Die Fassaden erhalten ein kräftiges Blau, große Fenster und Fensternischen in den Treppenhäusern sorgen für gute Belichtung. Auch im Innern sind die Wände farbig bemalt, auf Tapeten wird verzichtet.

Die Siedlung umschließt einen Teich in einer eiszeitlichen Grundwassersenke. Für die Gestaltung der Grün- und Gartenanlagen ist zunächst der Landschaftsarchitekt und Gartenpionier Leberecht Migge zuständig, der die Gartenstadtbewegung mitprägt und 1918 das erste *Grüne Manifest* mit dem Titel *Der soziale Garten* veröffentlicht. Migge proklamiert das Prinzip „Jedermann Selbstversorger" und plant einen radikalen Einsatz der Gärten, der öffentlichen Grünflächen und des Teiches für den Anbau von Nutzpflanzen zur Selbstversorgung der Siedlungsbewohner. Mit der Gestaltung der Flächen, nicht jedoch mit ihrem ökologischen Einsatz kann er sich durchsetzen. Der ausführende Gartengestalter Ottokar Wagler weist den öffentlichen Flächen einen stärker repräsentativen Charakter zu. Die Taut'schen Abschnitte der Siedlung gehören heute zum UNESCO-Weltkulturerbe.

Die Hufeisensiedlung in Berlin-Britz.
1930 / 2017

folgende Doppelseite: Mietskasernen boten miserable Wohnverhältnisse. Meyers Hof in der Ackerstraße in Berlin-Wedding, erbaut 1874 mit fünf Hinterhöfen

Dreherei.
Mech. Werkstatt
Willy Kuthe
parterre
Paul Pannwitz
Tischlermstr.
Neuanfertigung, Umänderungen
Reparaturen
Hausverwaltung

Apostelamt-Johannis
nächster-Hof.

KONSUMPALAST IM ARBEITERVIERTEL
KARSTADT AM HERMANNPLATZ

Am Hermannplatz, auf der Grenze zwischen Kreuzberg und Neukölln, eröffnet der Karstadt-Konzern im Juli 1929 das größte und modernste Kaufhaus Europas. Das neue Flaggschiff des Unternehmens soll das KaDeWe von Tietz und das Wertheim am Leipziger Platz in den Schatten stellen. Der Bau entsteht gleichzeitig mit dem neuen U-Bahnhof Hermannplatz an der Kreuzung zweier wichtiger Linien. Eine Neuheit ist der direkte Zugang aus der Station in das Untergeschoss des Kaufhauses, wo Blumenverkäufer, Friseursalons sowie öffentliche Duschen und Bäder auf ihre Kunden warten.

Frisiert, erfrischt und mit Blumen am Revers geht es weiter nach oben: Neben Personenfahrstühlen befördern Doppelrolltreppen – die ersten in einem deutschen Kaufhaus – die Kunden durch zahllose Abteilungen auf fünf weiteren Etagen. Alle Rolltreppen laufen kontinuierlich nach oben, erst vor Ladenschluss ändert sich die Richtung hin zu den Ausgängen. Wie üblich ist die immer stark frequentierte Lebensmittelabteilung im obersten Stockwerk untergebracht, um die Kundschaft auf einem möglichst langen Weg durch das Haus zum Kauf anderer Produkte zu verführen. Über einen besonderen Lastenaufzug können LKWs die Lebensmittel direkt anliefern.

Ganz Berlin „fährt die Rolltreppen herauf und herunter, alt und jung, man gewöhnt sich an alles, und wozu sollte Großmutter nicht auch das noch lernen?", schreibt der Journalist Bernard von Brentano zur Eröffnung. „Alles ist käuflich, und alles was käuflich ist, ist da. [...] Die Welt in Gegenstände aufgeteilt liegt einem zu Füßen."

Nach dem Einkauf können sich die Kunden auf dem Dachgarten entspannen, der einen weiten Ausblick über das Berliner Häusermeer bietet. Hier gibt es Restaurants für über 2000 Gäste, Musikkapellen sorgen für Unterhaltung. Überragt wird das Ganze von zwei insgesamt über 50 Meter hohen Türmen mit Lichtsäulen, die an die Hochhausarchitektur in den USA erinnern.

Konsumkultur und Massengesellschaft rufen aber auch Kritik hervor. So bemerkt Siegfried Kracauer: „Am Hermannplatz in Neukölln erhebt sich der gewaltige Warenhauszwinger von Karstadt, eine Monumentalarchitektur, die mit drohender Geste alle Welt zum Eintreten auffordert." Tatsächlich bekommt die glanzvolle Fassade schnell Risse. Schon wenige Monate nach der Eröffnung bringt die Weltwirtschaftskrise den Karstadt-Konzern in eine gefährliche Schieflage. Bis zum Frühjahr 1930 werden bereits zwei Etagen wieder geschlossen und mehr als 2000 der ursprünglich 3000 Angestellten entlassen.

New York in Berlin? Das Kaufhaus
Karstadt am Hermannplatz macht's
vor. 1930

STRANDLEBEN AM STADTRAND
STRANDBAD WANNSEE

Lange ist in Preußen das Schwimmen im Freien in Flüssen und Seen verboten. Aus Sorge um die öffentliche Moral machen Polizisten Jagd auf Badende. In der Berliner Innenstadt gibt es zwar offizielle Flussbadeanstalten, doch die Spree ist stark durch Abwässer belastet, und Reisen in die eleganten Ostseebäder können sich nur wenige leisten. So wächst der Druck auf die Behörden, bis 1907 endlich ein Abschnitt am Wannsee freigegeben wird. Schon am vierten Sonntag zählt man dort 220.000 Besucher; 1912 eröffnen weitere Freibäder am Müggelsee und in Grünau.

Nach dem Ersten Weltkrieg wird das Wannseebad kontinuierlich erweitert. Eine gemeinnützige GmbH übernimmt ab 1926 die Organisation. Der Andrang ist enorm: Noch im selben Jahr zählt man 750.000 Badende, 1927 sind es 900.000 und 1930 kommen gar 1.300.000 Besucher: „Licht, Luft, Wasser, Sandstrand und duftender Kiefernwald wirkten wie ein Magnet". Um dem Ansturm gerecht zu werden, entsteht ab 1929 ein großzügiger Neubau im Stil der Neuen Sachlichkeit, der auf einer Länge von über 500 Metern Umkleidehallen, Sanitärräume und ein Restaurant über Treppenanlagen mit Wandelgängen und einem Promenadendeck miteinander verbindet. Zuvor ist der nahegelegene Bahnhof Berlin-Wannsee erneuert worden, um die Verkehrsanbindung zur Innenstadt zu verbessern. Von den ehrgeizigen Plänen des Stadtbaurats Martin Wagner für ein „Weltstadtbad" mit Freilichttheater, Yachthafen und einer Seebrücke wird allerdings nur dieser erste Bauabschnitt verwirklicht.

Schon im 19. Jahrhundert wird unter den Stichworten „Lebensreform", „Freikörperkultur" und „Naturfreunde" die Befreiung des Körpers propagiert. Nach dem Ersten Weltkrieg sind militärischer Drill und Exerzierplatz-Turnen in Misskredit geraten; jetzt rücken Entspannung und Freizeit in den Fokus. Schnell lockern sich die Moralvorstellungen, ihnen folgen irgendwann auch die Kleidervorschriften und bald löst sportliche Bräune die vornehme Blässe als Schönheitsideal ab. „Die mechanisierte Weltstadtarbeit will ihre Befreiung finden in einer großzügigen und durchgebildeten Körperpflege", schreibt Martin Wagner 1929.

Doch auch am Wannsee ziehen dunkle Wolken auf: In das vordergründigen Idyll, das den Geist der Arbeitersportbewegung mit bürgerlichem Naturerlebnis verbindet, fallen die Schlägertrupps der Nazis ein. Um einer drohenden Verhaftung zu entgehen, begeht der sozialdemokratische Direktor des Bades, Hermann Clajus, gleich nach der Machtübernahme Adolf Hitlers 1933 in seinem Büro Selbstmord. In naher Zukunft sollen Kampfsportübungen und militärische Umzüge die Besucher des Wannseebads auf einen neuen Weltkrieg einstimmen.

BERLIN 49

Tanzverrückte scheuen auch das Wasser nicht. Strandbad Wannsee, 1925

DAS IST DIE BERLINER LUFT
DER FLUGHAFEN TEMPELHOF

„Wie eine Rakete hat an diesem Pfingstsonntag Berlin Deutschlands Flugzeuge in die Luft geworfen und über das ganze Land gesandt. Des sollen wir Zeugen sein. Das liebliche Fest läutet das Rattern der Motoren ein, und über die grüne, blühende Weite der Landschaft hinweg bohren sich aller Augen in den dunklen Himmel, den eroberten Raum ohne Maß, ohne Grenze, der die Anmut der großen schwebenden Vögel schweigend trägt", begeistert sich der Journalist Bernard von Brentano 1925 über eine Flugschau in Berlin.

Zwei Jahre zuvor ist auf dem Tempelhofer Feld, einem früheren Exerzierplatz des preußischen Militärs, der Berliner Zentralflughafen Tempelhof eröffnet worden. Dank der zentralen Lage Berlins wird Tempelhof schnell zu einem wichtigen internationalen Drehkreuz. Die Anlagen werden in zwei Bauphasen bis 1929 kontinuierlich vergrößert mit Flugzeughallen, Abfertigungsanlagen, einem Hotel, einem Restaurant, Besucherterrassen sowie einem eigenen U-Bahnhof. Tempelhof wird auch zum offiziellen Heimatflughafen der 1926 gegründeten Deutschen Luft Hansa AG, der Vorläuferin der heutigen Lufthansa.

Die Luftfahrt hat allerdings lange vor allem Sensationscharakter. Flugreisen sind kostspielig, strapaziös und durchaus nicht ungefährlich. Pioniere wie die deutsche Sport- und Kunstfliegerin Elly Beinhorn, die durch ihre ausgedehnten Expeditionen und Rekorde wenig später von sich reden machen wird, sind gefeierte Stars. „Merkwürdig ist auch, wie neidlos selbst die Ärmsten alles Sportgerät ansehen. In dem Schwirren der Propeller und im Rollen über beständig explodierendem Benzin muss ein gemeinschaftliches oder mitteilsames Glück liegen", bemerkt der Berliner Autor Franz Hessel. Hier kommen wohl Fernweh und die Begeisterung für technische und sportliche Höchstleistungen zusammen.

Ab Mitte der Zwanzigerjahre erlebt auch die zivile Nutzung der sogenannten Zeppeline eine Hochzeit. Verkehrsluftschiffe wie der 1928 in Dienst gestellte „LZ 127 Graf Zeppelin" haben Flugzeugen zunächst einiges voraus: Ihre Reichweite ist deutlich größer und sie können mehr Zuladung transportieren. Vor allem aber bieten sie Reisenden einen sehr viel höheren Komfort mit Doppelkabinen und Waschräumen, Speisesaal und Salon, Stewards und Köchen. Im Hinblick auf die Schnelligkeit können sie jedoch mit Flugzeugen in keiner Weise mithalten und dies wird in den Dreißgerjahren schließlich zu ihrem Verschwinden führen.

Als Flugreisen noch eine Sensation waren:
Das Luftschiff „Graf Zeppelin" über dem
Berliner Nikolaiviertel. 1929

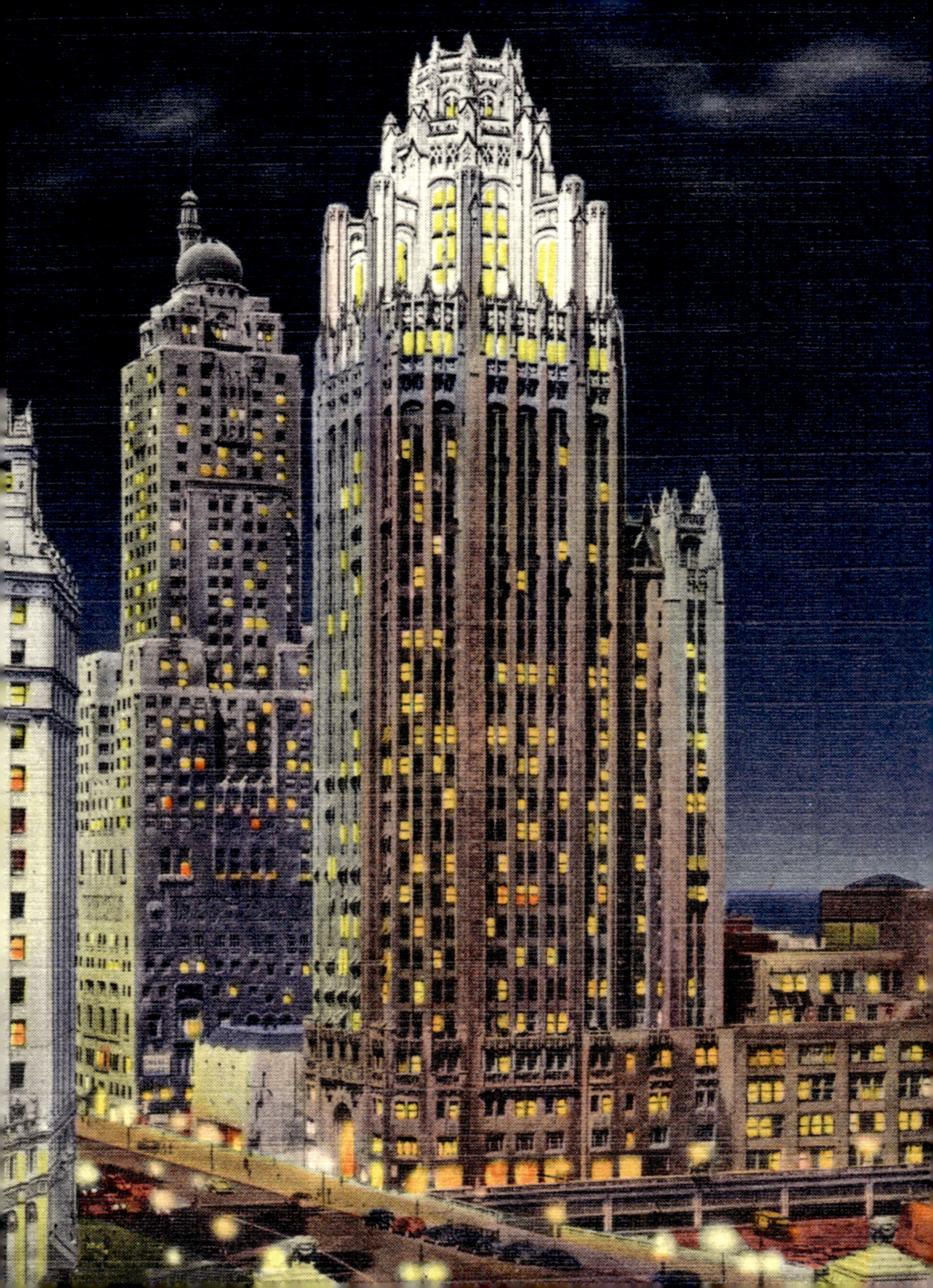

CHICAGO
STADT DER BREITEN SCHULTERN

Im Vergleich zu den Städten an der Ostküste, die noch stark von ihrer kolonialen Vergangenheit und europäischen Einflüssen geprägt sind, wirkt Chicago wie ein Emporkömmling: ungehobelt und neureich, laut und rücksichtslos, aber auch dynamisch und erfinderisch. Der Handelsposten am Rande der Prärie wurde erst 1833/37 zur Stadt erhoben, doch keine hundert Jahre später ist Chicago die zweitgrößte Metropole der Vereinigten Staaten mit über drei Millionen Einwohnern und eines der wichtigsten Wirtschaftszentren der Welt. Die Stadt war und ist „typisch amerikanisch". Vieles, was als originärer Beitrag der USA zur Weltkultur gilt, stammt entweder aus Chicago oder hat hier zumindest eine wesentliche Ausprägung erfahren, etwa die Hochhausarchitektur und der Jazz.

Den rasanten Fortschritt verdankt Chicago seiner Lage im fruchtbaren Mittleren Westen – „dem Brotkorb und Fleischtopf der Welt".

Getreide und Fleisch können über den Hafen am Michigansee, Amerikas „Dritter Küste", ausgeführt werden. Der Ausbau der Eisenbahnen gibt in den Zwanzigerjahren den letzten Impuls: Chicago entwickelt sich schnell zum zentralen Knotenpunkt des nordamerikanischen Streckennetzes.

Landwirtschaftliche Produkte bilden seit Anfang des Jahrhunderts den Grundstock für den Reichtum der Stadt. Die Schlachthöfe Chicagos, 1865 in den Union Stock Yards zusammengefasst, sind die größten der Welt. Auch die weltweit älteste und umsatzstärkste Warenterminbörse findet sich in

Chicago. Die günstigen Verkehrsverbindungen ziehen andere Wirtschaftszweige an: Stahlwerke, Eisenbahn- und Automobilindustrie, Versandhandel. Der Bedarf an Arbeitskräften ist riesig. Allein in der Zeit zwischen dem Ersten Weltkrieg und der Großen Depression wächst Chicago jährlich um 70.000 Menschen. Ressourcen und Potenziale scheinen grenzenlos: Noch 1929, kurz vor dem Börsenkrach in New York und der Weltwirtschaftskrise, erwartet Robert R. McCormick, Herausgeber der *Chicago Tribune*, nicht weniger als den Aufstieg seiner Heimatstadt zur „natürlichen Hauptstadt des Kontinents".

Das Geschäftszentrum Chicagos ist der „Loop" an der früheren Einmündung des Chicago Rivers in den Lake Michigan. Nördlich des Flusses wird die Michigan Avenue zur „Magnificent Mile" mit dem 1924 eingeweihten Wrigley Building zur Linken und dem ein Jahr später vollendeten Tribune Tower (Abbildung auf Seite 52) zur Rechten. Nach dem Stadtbrand von 1871 entwickelt sich Chicago, nicht New York, zum Vorreiter im Hochhausbau. William Le Baron Jenney, Mitbegründer der sogenannten Chicagoer Schule, gilt als „Vater der Wolkenkratzer". Zu seinen Nachfolgern zählen Louis Henry Sullivan und Frank Lloyd Wright, der durch seine Wohnhäuser im Prärie-Stil die Architektur der amerikanischen Vorstädte nachhaltig prägt.

Doch wie lebt es sich im Schatten dieser Hochhäuser? Vom Seeufer abgewandt haust die breite Masse, wie der Soziologe Harvey Warren Zorbaugh 1929 beschreibt. In „Towertown" trift sich die Bohème zu Füßen eines Wasserturms (Abbildung gegenüber: Zwei junge Frauen im sportlichen Cabriolet Brush Runabout). Hier gibt es billige alte Häuser mit Stallungen, die man zu Studios umbauen kann, Bars und Cafés wie das Wind Blew Inn oder die Blue Mouse, dazu Antiquitätengeschäfte und Bücherläden. Weiter im Westen liegt „Little Hell", bevölkert von Süditalienern, die an ihren dörflichen Strukturen festhalten. In einem Abschnitt der North Clark Street, Rialto genannt, bieten zwielichtige Etablissements Platz für Radikale, Kriminelle und Prostituierte. Gemütlicher ist es im Süden, im „Delta" der Griechen mit seinen Kaffeehäusern. Oder weiter im Norden im deutschen Viertel mit dem Wurz'n Sepp Family Resort. Die Deutschen bilden lange die größte Volksgruppe, treten aber nicht so geschlossen auf wie Iren und Italiener, die dadurch als Wähler größeres Gewicht haben – ein Vorteil für die irischen und italienischen Gangs, die auf die Rücksicht der Lokalpolitiker zählen können.

Ganz im Süden Chicagos erstreckt sich der „Black Belt" der Schwarzen. Im Zuge der „Great Migration" verlassen sie die ländlichen Südstaaten zu Hunderttausenden, um in den Industriestädten des Nordens Arbeit zu finden. Doch auch der Norden ist nicht frei von Rassismus: Im Sommer 1919 kommt es in Chicago zu Ausschreitungen gegen Schwarze mit Dutzenden Toten. Außerhalb des „Black Belt" werden Schwarze kaum als Mieter und Nachbarn akzeptiert. Trotzdem machen sie bald ein Viertel der Einwohner Chicagos aus. Ihr Anteil am kulturellen Leben ist herausragend, nicht nur im Jazz, sondern auch in der Literatur (Chicago Black Renaissance).

Zwischen den Gleisanlagen und Fabriken erstreckt sich schließlich ein Un-Raum außerhalb aller ethnischen und kulturellen Bindungen: die Slums und Floptowns der neuen Immigranten und Wanderarbeiter, den „Hobos". Bis zu 500.000 Hobos passieren Chicago in jedem Jahr. Agenturen vermitteln die Jungen und Kräftigen, der Rest wartet an den Straßen. Wer etwas Geld hat, kann sich für die Nacht in einem Flophouse „fallen" lassen („to flop").

Treffend erfasst der Autor und Publizist Carl Sandburg den Charakter seiner Stadt: „Schweinemetzger der Welt, Werkzeugfabrik, Weizenstapelplatz, Spieler mit Eisenbahnen, Warenhändler der Nation; stürmisch, rau, lärmend, Stadt der breiten Schultern."

JAZZMETROPOLE CHICAGO
SPRUNGBRETT DER STARS

Im Verlauf der „Great Migration" ziehen Hunderttausende Schwarze aus den Südstaaten nach Chicago. Dort gibt es nicht nur Arbeit in den Fabriken und Schlachthöfen, auch Musiker finden neue Auftritts- und Entwicklungsmöglichkeiten. Im sogenannten Black Belt, den hauptsächlich von Schwarzen bewohnten Stadtteilen in Chicagos South Side, reihen sich in der Amüsiermeile „The Stroll" zeitweise mehr als 70 Nachtklubs und Ballsäle aneinander. Bald löst die Industriestadt im Norden New Orleans als führende Jazzmetropole ab.

Einer der bekanntesten Neuankömmlinge ist der Kornettist Joe „King" Oliver aus New Orleans. In Chicago tritt er mit seiner Creole Jazz Band regelmäßig im Lincoln Gardens Cafe (früher Royal Gardens Cafe) auf. Oliver ist es auch, der 1922 Louis Armstrong als zweiten Kornettisten aus New Orleans nach Chicago holt. Typisch für den New-Orleans-Jazz bestreiten Armstrong und sein Mentor Oliver ihre Improvisationen gemeinsam – ein riesiger Erfolg: An die 700 Besucher zwängen sich jeden Abend in den Klub, um Foxtrott oder den Bunnyhug zu tanzen. Tatsächlich kommen sogar ganze Abendgesellschaften aus den reichen weißen Vierteln der Gold Coast zum voyeuristischen „Slumming" in die schwarzen Ghettos.

Anders als etwa das berühmte Sunset Cafe (später Grand Terrace Cafe), bei dem der Mafiaboss Al Capone seine Finger mit im Spiel hat, ist das Lincoln Gardens Cafe ein rein schwarzer Klub. Doch der Andrang weißer Fans ist derartig groß, dass das Management die Creole Jazz Band einmal in der Woche ab Mitternacht exklusiv für Weiße spielen lässt: Während der Jazz die einen an ihre kulturellen Wurzeln im Süden erinnert, lockt die anderen der Reiz des Exotischen, und allgemein bietet die Musik ein Ventil zum exzessiven Lebensgenuss.

Ein anderes Mitglied der Creole Jazz Band wird für Louis Armstrong ebenso wichtig wie Oliver: Lillian „Lil" Hardin. Die ausgebildete Pianistin ist etwas älter als Armstrong, weltgewandt und zielstrebig; die beiden heiraten 1924. Hardin setzt den übergewichtigen „Little Louis" auf Diät, verschafft dem Provinzler eine neue Garderobe und einen modischen Haarschnitt. Vor allem aber erkennt sie Armstrongs Talent und drängt ihn, aus dem Schatten Olivers herauszutreten und eigene Projekte zu verfolgen. Hierzu gehören Studio-Ensembles wie die Hot Five, an denen auch Hardin beteiligt ist. Ihre ab 1925 entstehenden legendären Aufnahmen machen Armstrong, der in dieser Zeit vom Kornett zur Trompete wechselt, landesweit als Solokünstler bekannt. Die Betonung individueller Soli entspricht dem neuen Chicago-Style, der sich vom New-Orleans-Jazz löst.

Armstrong lässt sich später dauerhaft in New York nieder. Doch Chicago bleibt ein Zentrum der Jazzszene, das spätere Weltstars wie Earl Hines, Benny Goodman und Nat „King" Cole wesentlich prägt.

Die Creole Jazz Band von Joe „King" Oliver mit Louis Armstrong und Lillian „Lil" Hardin bringt den Sound von New Orleans nach Chicago. 1923

folgende Doppelseite: Eine Jazzband beim Auftritt in einem der vielen kleinen Klubs Chicagos. 20er Jahre

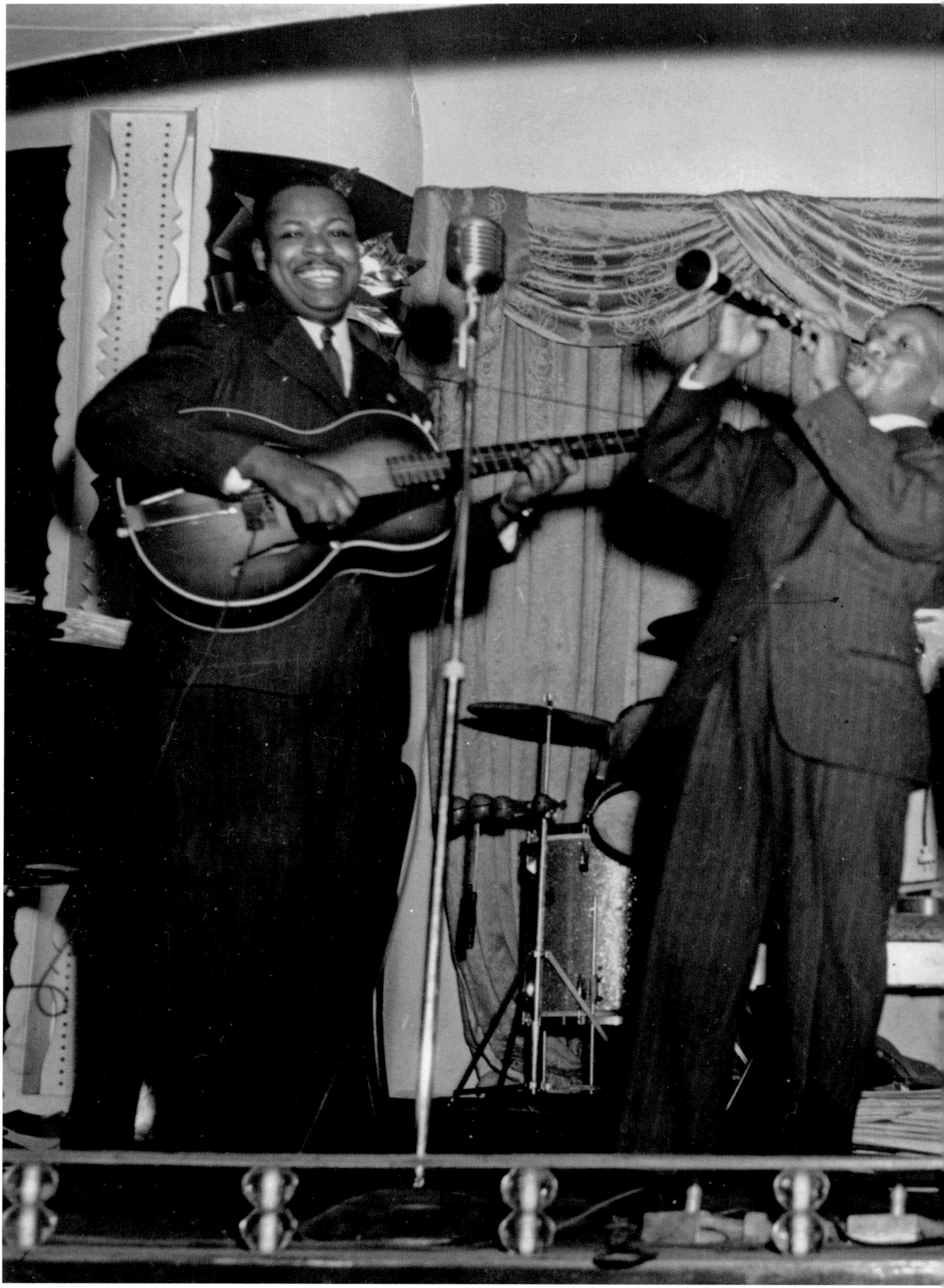

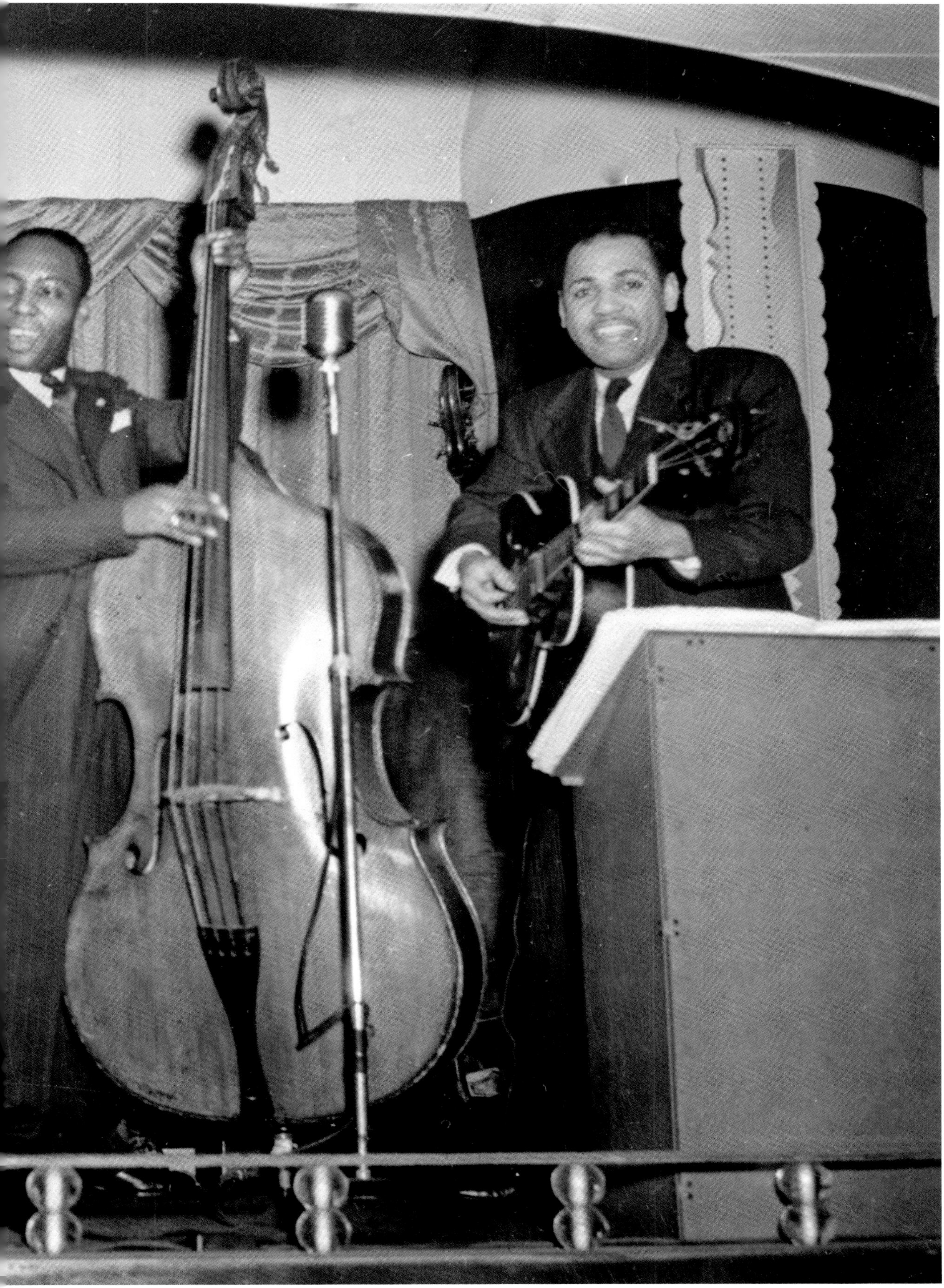

VON DER SCHLACHTBANK ZUM FLIESSBAND

DER SIEGESZUG DES AUTOS

Anfang der Zwanzigerjahre übersteigt die jährliche Produktion von Autos in den Werken der Ford Motor Company schon die Millionengrenze. Im Jahr 1924 eröffnet der damals größte Automobilkonzern der Welt auch in Chicago eine Fabrik, in Hegewisch im äußersten Süden der Stadt. Die Chicago Assembly oder Torrence Avenue Assembly ist heute der älteste durchgehend genutzte Produktionsstandort von Ford.

Der durchschlagende Erfolg der Firma gründet gerade in ihren Anfangsjahren auf verlässlicher Fahrzeugtechnik zu ausgesprochen günstigen Preisen – eine Kombination, die nur aufgrund einer revolutionären Idee möglich ist, die in Chicago geboren wird: Die Inspiration für die bahnbrechende arbeitsteilige Fließbandproduktion von Autos, die noch heute mit dem Namen Ford verbunden wird, stammt aus den Schlachthöfen der Union Stock Yards in Chicago. In der Fabrik von Swift & Company beobachten Fords Mitarbeiter, wie Tiere massenhaft getötet und dann in vielen einzelnen Arbeitsschritten von jeweils spezialisierten Arbeitern Stück für Stück zerlegt werden. „Ich ging selbst runter nach Chicago in die Schlachthäuser. Ich kam zurück und sagte: ‚Wenn sie Schweine und Kühe so verarbeiten können, dann können wir so auch Autos und Motoren bauen'", erinnert sich 1955 ein Vorarbeiter.

Ab 1913 wird das Erfolgsmodell „T" am Fließband hergestellt, 1928 führt man das Nachfolgemodell „A" ein. Die Massenproduktion senkt die Stückkosten drastisch, sodass Autos auch für breitere Käuferschichten erschwinglich werden. Die vergleichsweise guten Löhne – die Bindung der Arbeiter durch bessere Bezahlung gehört mit zu Fords Erfolgsrezept – erlauben es bald auch den Ford-Mitarbeitern selbst, ein Auto zu erwerben.

Mit der weltweiten Expansion der Ford-Motorenwerke und der Übernahme der Fließbandmontage durch andere Autohersteller wandelt sich das Auto in den Zwanzigerjahren von einem Spielzeug für Reiche zum wichtigsten Objekt des Massenkonsums. Bereits 1923 besitzt statistisch gesehen jede zweite amerikanische Familie ein Auto.

Die Ford'schen Einheitsmodelle erhalten im Laufe der Dekade allerdings zunehmend Konkurrenz von anderen Marken, die sich mit breiter gefächerten Angeboten flexibler auf die Kundenwünsche einstellen. Und das ist dringend nötig, denn in der neuen Konsumgesellschaft, die sich in den Zwanzigerjahren zuerst in den USA ausprägt, geht es nicht nur um die Funktionalität der Produkte, sondern immer mehr auch um Stil und Image.

Die Fließbandfertigung macht Autos zum
Massenprodukt. Ford-Werke, 20er Jahre

„SCARFACE" CAPONE
GANGSTER UND MEDIENSTAR

Dreiteiliger Anzug, Krawatte, Einstecktuch und vor allem der Fedora-Filzhut: Mit seiner Selbstdarstellung als seriöser Geschäftsmann prägt Alphonse „Al" Capone das Bild vom Mafioso. Während andere Kriminelle lieber im Verborgenen bleiben, sucht er den Kontakt zur Presse. Chicago bietet ihm die perfekte Kulisse. Der Ruf der Stadt als „Sin City" oder „Crime Central" ist von Anfang an ein Medienphänomen. Die Verbrechensrate ist nicht höher als in anderen Metropolen, doch wie in anderen Bereichen auch macht sich hier eine gewisse Wildwestmanier bemerkbar. Dynamik und Skrupellosigkeit zeichnen den Unternehmer ebenso aus wie den Gangsterboss. Auf ihre Art verkörpern beide den American Dream, und das Publikum verfolgt ihr Treiben mit Faszination und Entrüstung.

Capone kommt 1920 aus New York nach Chicago. Mit 21 blickt er schon auf eine lange Verbrecherlaufbahn zurück. Davon zeugt eine Narbe im Gesicht, die ihm den Spitznamen „Scarface" einträgt. Nach nur wenigen Jahren übernimmt er die Führung des „Chicago Outfit", des örtlichen Ablegers der italienisch-amerikanischen Mafia. Eine ihrer Haupteinnahmequellen ist in Zeiten der Prohibition der Alkoholschmuggel. Polizei und Politik zeigen sich im Austausch gegen Bestechungsgelder und Wahlkampfhilfen kooperationsbereit.

Weniger einvernehmlich gestaltet sich das Verhältnis zu der von irischen Einwanderern dominierten North Side Gang. Am Valentinstag 1929 kommt es zum filmreifen Showdown: Als Polizeieinsatz getarnt, überfallen Capones Killer eine gegnerische Gruppe, die sich von dem Auftritt täuschen und widerstandslos entwaffnen lässt. Mit Maschinengewehren werden die sieben Männer hingerichtet. Da einige der Täter Polizeiuniformen tragen, lässt sich die Flucht als eilige Verhaftung inszenieren. Ihr Boss macht unterdessen alibitauglich Urlaub in Florida.

Noch im selben Jahr des „Saint Valentine's Day Massacres" verarbeitet der Autor Armitage Trail, der für die nach ihrem billigen Papier benannten Pulp-Fiction-Magazine schreibt, Capones Geschichte zu einem Buch. *Scarface* wird sofort als Filmstoff entdeckt; der gleichnamige Kinofilm von 1932 gilt als Klassiker seines Genres.

Verurteilt wird Capone erst 1931, allerdings nur wegen Steuerhinterziehung. Andere Verbrechen lassen sich nicht nachweisen. Aus dem berüchtigten Inselgefängnis Alcatraz vor San Francisco wird er schon 1939 wegen guter Führung wieder entlassen. Er stirbt 1947, doch nicht ganz der Saubermann, an den Folgen einer Geschlechtskrankheit.

Auch neben seinem Strafverfolger US-Marshal
Henry Laubenheimer macht Gangsterboss
Al Capone noch eine gute Figur. New York, 1929

folgende Doppelseite: Die Polizei stellt
für die Presse das „Saint Valentine's Day
Massacre" nach. Chicago, 1929

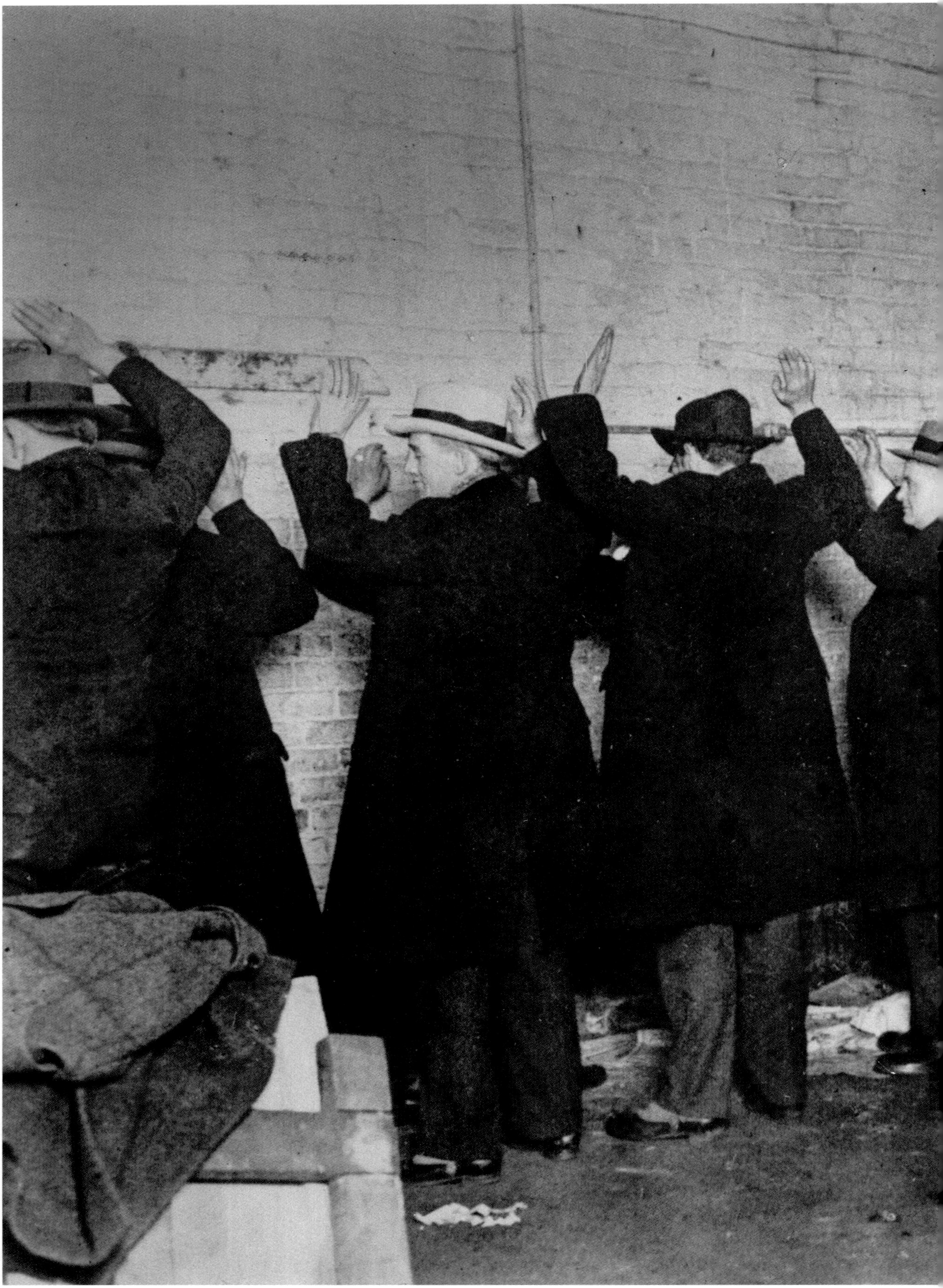

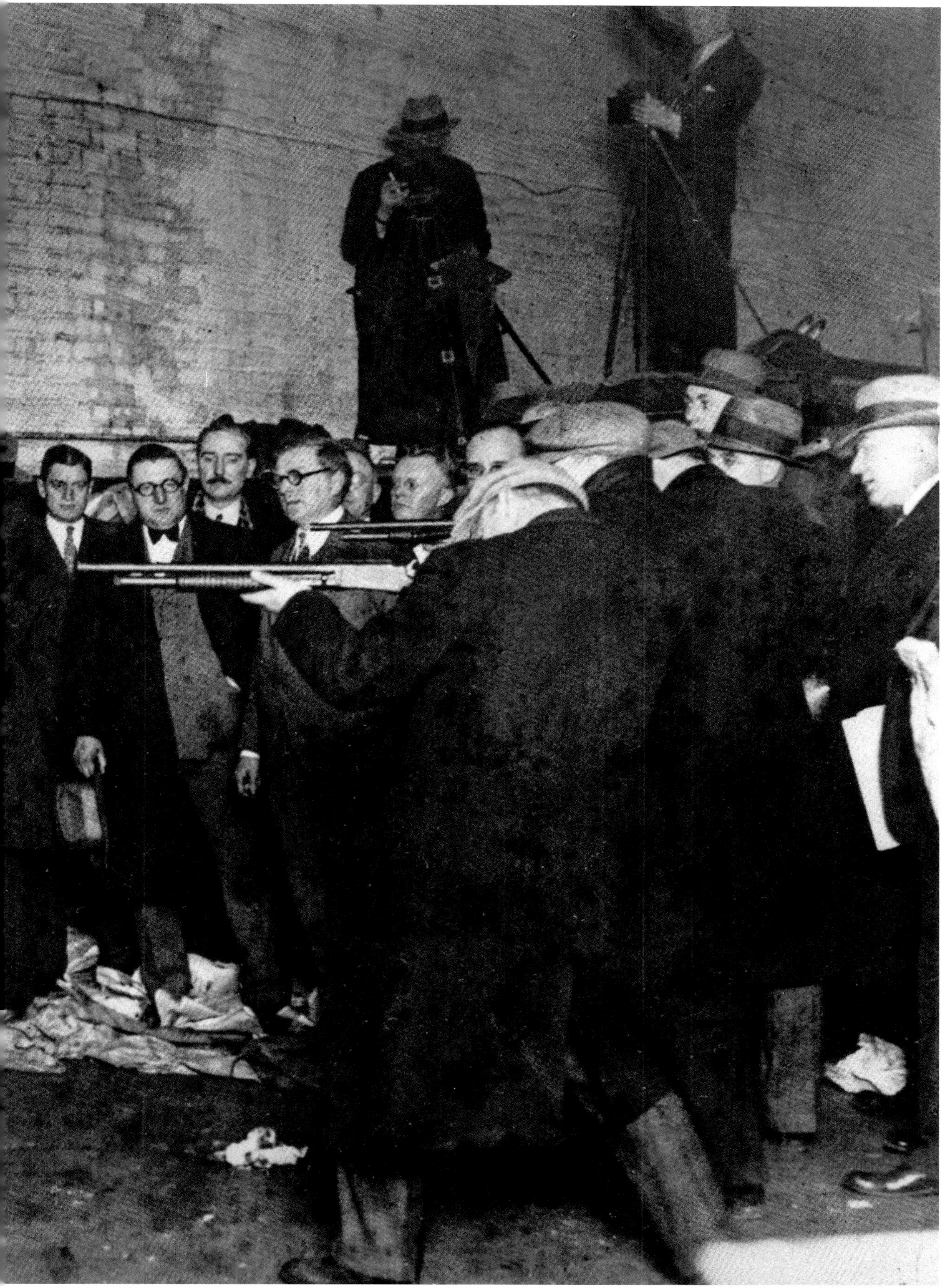

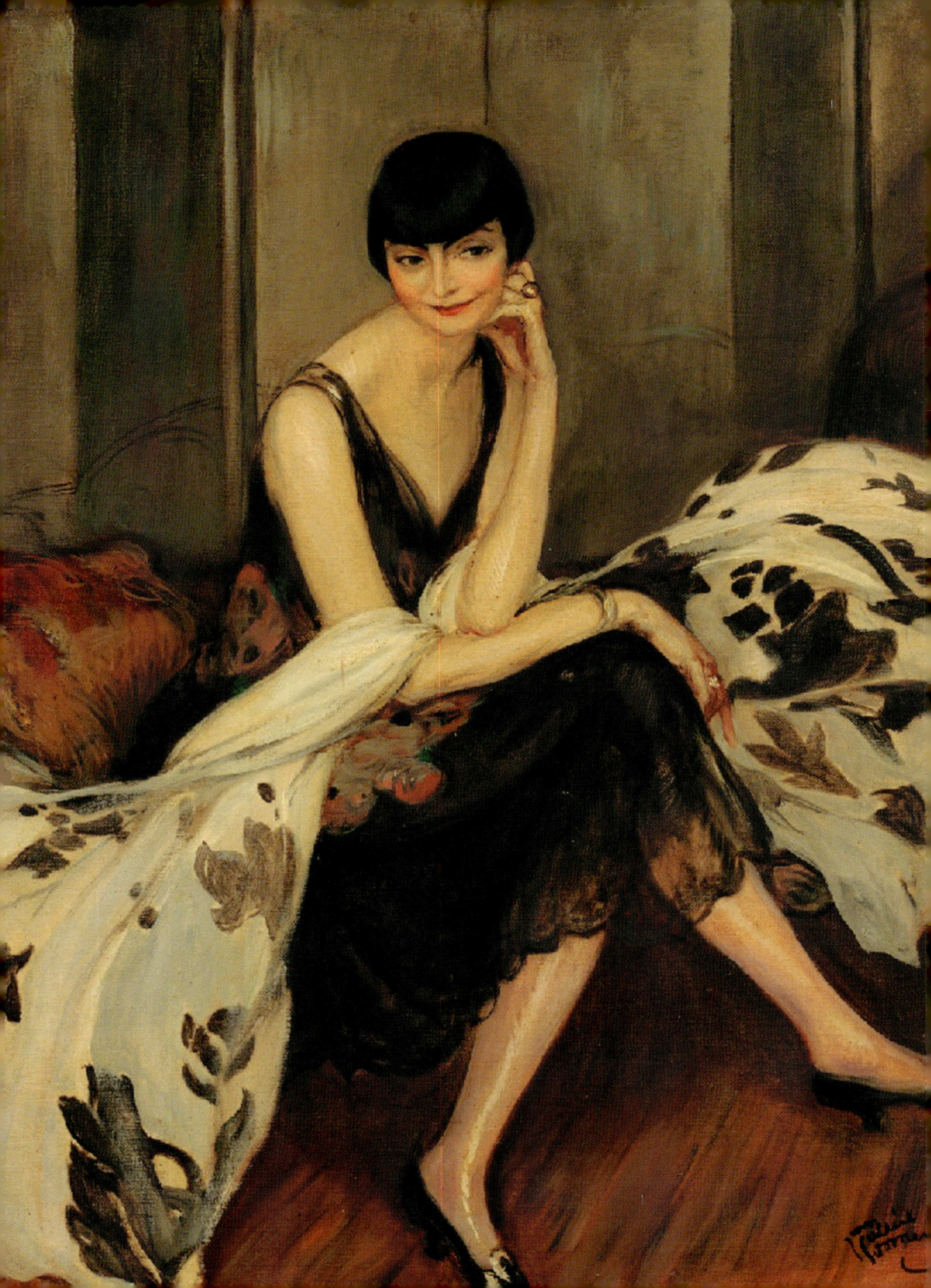

LISSABON
DER KURZE AUFBRUCH

„Für den Reisenden, der vom Meer her kommt, zeichnet sich Lissabon schon von Weitem wie eine schöne Traumvision gegen einen leuchtend blauen Himmel ab, über den die Sonne ihr Gold strahlt. Und die Kuppeln, die Denkmäler, die alte Burg ragen aus dem Häusermeer wie ferne Herolde dieses lieblichen Orts, dieses gesegneten Landstrichs. […] Während das Schiff weiterfährt, verengt sich der Fluss und dehnt sich gleich darauf zu einem der weitesten natürlichen Häfen der Welt, in dem die größten Flotten ankern können. Dann, zur Linken, das leuchtende Meer von Häusern, wie in Trauben über die Hügel verteilt. Das ist Lissabon."

So beschreibt Fernando Pessoa Mitte der Zwanzigerjahre in *Lissabon: Was der Tourist sehen sollte* die Ankunft in seiner Heimatstadt. Der Schriftsteller liebt Lissabon und will als „kosmopolitischer Patriot" die portugiesische Kultur im Ausland bekannt machen. Auch wenn dieser Reiseführer zunächst unveröffentlicht bleibt, setzt Pessoa darin und in seinen anderen Werken der portugiesischen Hauptstadt ein literarisches Denkmal. Der Leser begleitet ihn, wenn er nachts durch die Straßen streift, seinen Gedanken nachhängt und schließlich den Anbruch des Tages genießt. Seine morgendliche „Bica" – eine lokale Espressovariante – trinkt er im Café A Brasileira in der Rua Garrett im Chiado-Viertel oder im Martinho da Arcada an der Praça do Comércio direkt am Tejo. Vom Wasser steigt noch Nebel auf, als in der angrenzenden Baixa, der zwischen dem Bairro Alto und der Alfama liegenden Unterstadt, die ersten Geschäfte öffnen. Fischweiber, Bäckerjungen und Milchmänner machen sich auf den Weg. Der Markt auf der Praça da Figueira füllt sich, nebenan treffen Pendler am Rossio ein, dem zentralen Platz mit dem Hauptbahnhof und Schnittpunkt zahlreicher Straßenbahnlinien. Nordöstlich der Baixa beginnt die Avenida da Liberdade, eine Prachtstraße, 90 Meter breit und über einen Kilometer lang, mit Bäumen und Kaskaden, Theatern und Kinos, Cafés und Konditoreien. „Während der Sommermonate dehnen manche Cafés ihren Betrieb bis in die Mittelallee der Grünanlagen aus, die verschwenderisch beleuchtet wird; dieser Betrieb im Freien, zu dem Musik aufspielt, versetzt an den Sommerabenden die ganze Avenida in Stimmung", so Pessoa.

Von hier aus wächst Lissabon weiter nach Norden. Zwischen 1920 und 1930 steigt die Einwohnerzahl von 485.000 auf fast 600.000. Es entstehen großzügige Quartiere für das Bürgertum, aber auch dichtgedrängte Slums. Das Lissabon der Zwanzigerjahre ist noch stark von ländlichen Einflüssen geprägt. Gemüsehändler und Blumenverkäufer aus den Dörfern der Umgebung, Schausteller, Straßenmusikanten und Vagabunden prägen das Straßenbild. Die Hauptstadt spiegelt den Zustand des Landes: eine rückständige Wirtschaft trotz des Kolonialreichs, geringe Alphabetisierung, großer Einfluss der katholischen Kirche. Zwar sucht eine neue Generation von Künstlern und Intellektuellen den Anschluss an die internationale Moderne (Abbildung auf Seite 66: Die mondäne Maria Luísa Cabral Metelo in einem Ölgemälde von Jean-Gabriel Domergue, 1925), doch gesellschaftlich und politisch deutet sich eine Abkehr vom demokratischen Experiment der Republik an. Seit dem Ende der Monarchie 1910 steckt Portugal in einer Dauerkrise: Allein 1920 gibt es zehn verschiedene Regierungen, von denen eine nicht einmal einen Tag übersteht. Politische Anschläge und Morde, Streiks und Militärrevolten führen zu bürgerkriegsähnlichen Zuständen. Als 1925 der filmreife Falschgeldbetrug des Hochstaplers Artur Alves dos Reis auffliegt, ist Portugal international blamiert und die Tage der Republik sind gezählt.

Besonders die Mittelklasse sehnt sich nach einer starken Führung und wirtschaftlicher Sicherheit. So begrüßen viele den Militärputsch, der 1926 die republikanische Regierung stürzt. Der neue Machthaber, General António Óscar de Fragoso Carmona, lässt sich 1928 per Volksentscheid zum Präsidenten auf Lebenszeit wählen. Im selben Jahr beruft er den Ökonomieprofessor António de Oliveira Salazar zum Finanzminister. Zunächst unterschätzen die Militärs und Politiker der Hauptstadt den unscheinbaren und reservierten Junggesellen aus ärmlichen Verhältnissen. Doch kühl berechnend und ausgestattet mit einem Vetorecht über alle Ausgaben erlangt Salazar innerhalb von nur vier Jahren die völlige Kontrolle über die Regierung. Er stabilisiert nicht nur die Staatsfinanzen, sondern erwirtschaftet schon im ersten Jahr einen Haushaltsüberschuss. Mittel- und Oberschicht sehen ihn als Heilsbinger, während sich Arbeiter und Bauern mit ihrem niedrigen Lebensstandard zufriedengeben sollen. Persönlich anspruchslos, hält sich Salazar, der von 1932 bis 1968 als Ministerpräsident amtiert, stets in der zweiten Reihe, errichtet jedoch mit dem sogenannten Estado Novo („Neuer Staat") ein diktatorisches Regime mit faschistischen Zügen, das bis 1974 Bestand haben wird.

JAZZ AGE IN LISSABON

DER BRISTOL CLUB

Das mondäne Nachtleben Lissabons konzentriert sich in den Zwanzigerjahren um die Praça dos Restauradores am Übergang vom Rossio zur Avenida da Liberdade. Hier erwartet eine große Auswahl an Theatern, Kinos, Spielsalons und Nachtklubs ihre Besucher.

Einer der berühmtesten – und berüchtigtsten – Vergnügungstempel der Hauptstadt ist der Bristol Club, der in der Nähe der Praça dos Restauradores in einer diskreten Seitenstraße liegt. Eröffnet im März 1918, wird der ganze Klub 1925/26 durch den Architekten Carlos Ramos im Stil des Art déco neu gestaltet. Einige der wichtigsten zeitgenössischen Künstler Portugals steuern Arbeiten bei: Gemälde von José de Almada Negreiros, António Soares und Eduardo Viana sowie Skulpturen und Reliefs von Leopoldo de Almeida und Ernesto Canto da Maia machen das Bristol zu einer Galerie der Moderne. Als Werbung für den Klub gestaltet der Grafiker Jorge Barradas Titelseiten für die Illustrierte *ABC*. Sie zeigen die Bristol-Frauen als portugiesische Verkörperung der Flapper (vgl. Seite 122) oder „Neuen Frau": kurze Haare, kurze Kleider, stark geschminkt und rauchend. Zeittypisch ist auch das Unterhaltungsprogramm: Das Publikum ist verrückt nach Jazz, man tanzt Charleston, Shimmy und Tango und genießt Gastauftritte ausländischer Stars ebenso wie erotische Showeinlagen. Daneben gibt es Räume für Billard und Roulette sowie Separees für privatere Vergnügungen. Der Konsum der Modedroge Kokain ist weit verbreitet. Unter seinem Pseudonym „Repórter X" verewigt Reinaldo Ferreira die Ausschweifungen in vielen Artikeln und widmet dem Thema auch einen Roman: *Die Jungfrau des Bristol Clubs*.

Nach dem Militärputsch von 1926 verändert sich jedoch das gesellschaftspolitische Klima. Noch bevor 1933 eine neue Verfassung den Übergang zur Diktatur unter António de Oliveira Salazar offiziell besiegelt, gewinnen antiliberale und konservativ-kirchliche Kräfte immer mehr Einfluss. Das freizügige Treiben in den Nachtklubs ist ihnen ein Dorn im Auge. Unter dem Vorwand, gegen Glücksspiel, Prostitution und Drogenhandel vorzugehen, werden ab 1927 eine Reihe von Etablissements geschlossen, 1928 trifft es auch den Bristol Club. Gleichsam als Abgesang auf das nahe Ende dichtet Fernando Pessoa 1927 die *Cantiga do Bristol* (das *Bristol-Volkslied*). Der Journalist António Ferro hingegen, ein bekannter Jazzliebhaber und Plattensammler, der 1923 das Buch *Die Zeit der Jazzbands* herausgebracht hat, steigt zum Propagandachef Salazars auf.

Werbegrafik von Jorge Barradas für den Bristol Club in der Zeitschrift *ABC*. 1927

BRISTOL
CLUB
O
MAIS ALÉ
GRE

revista
portugueza
150 cts

KAFFEE UND KUNST
DAS CAFÉ A BRASILEIRA

José de Almada Negreiros studiert ein Bildnis, auch sein Gegenüber blickt konzentriert auf ein Blatt. Die beiden lässig-eleganten Frauen hinter dem Kaffeehaustisch erscheinen eher passiv – die Kunstszene Lissabons ist von Männern dominiert. In seinem *Selbstporträt in einer Gruppe* von 1925 hält Almada Negreiros eine typische Szene im Café A Brasileira fest, dem zentralen Treffpunkt der Lissaboner Bohème. Ursprünglich eine Kaffeerösterei für brasilianischen Kaffee (und bis heute eine Touristenattraktion), liegt das A Brasileira in der Rua Garrett im Viertel Chiado, das in den Zwanzigerjahren für seine vielen Buchhandlungen und Verlage bekannt ist. Zu den regelmäßigen Gästen gehört auch der Schriftsteller Fernando Pessoa, der vor allem an Sonntagen vorbeischaut. Kürzere oder längere Kaffeehausbesuche zwei-, dreimal am Tag in einem oder mehreren Stammlokalen gehören zur alltäglichen Routine der „Lisboetas", der Einwohner von Lissabon.

Mitte der Zwanzigerjahre lassen die Besitzer das Café A Brasileira neu gestalten. Auf Anregung des Architekten José Pacheco erhalten zeitgenössische Künstler die Möglichkeit, hier ihre Werke zu präsentieren. So entsteht die Kaffeehausszene von Almada Negreiros; andere Gemälde für das A Brasileira stammten von Jorge Barradas, Bernardo Marques, António Soares, Eduardo Viana. Das Café wird auf diese Weise zu einer Art Museum für moderne Kunst, das der portugiesischen Hauptstadt ansonsten fehlt. Eine der wenigen Frauen, die hier Fuß fassen, ist die Malerin und Kunsthandwerkerin Sarah Afonso, die spätere Ehefrau von Almada Negreiros.

In dem modernen, großstädtischen Ambiente finden die Künstler und Intellektuellen einen Raum für Austausch und Diskussionen. Die portugiesische Kunstszene der Zwanzigerjahre ist von einem intensiven Ringen geprägt – mit den vorherrschenden Traditionen und nationalen Bezugspunkten, mit Gleichgesinnten und mit sich selbst. Davon zeugen zahlreiche Zeitschriften, an denen sich Schriftsteller, Architekten und Maler gleichermaßen beteiligen, wie die kurzlebige *Orpheu*, die schon nach zwei skandalträchtigen Ausgaben wieder eingestellt werden muss, Fernando Pessoas *Athena – Revista de Arte* oder die *Contemporânea* unter der Ägide von José Pacheco.

Letztlich bleibt es bei der Abgrenzung isolierter Künstlerpersönlichkeiten, die sich keinem ästhetischen Programm unterwerfen wollen. Viele finden, zumindest zeitweise, Anschluss im Ausland, vor allem in der internationalen Kunstmetropole Paris. Andere hingegen kapseln sich ab und suchen nach einer spezifisch portugiesischen Identität.

Kritisch-distanzierte Kunstbetrachtung zum Kaffee: *Selbstporträt in einer Gruppe* von José Sobral de Almada Negreiros. 1925

EINMAL ZUKUNFT UND ZURÜCK
ART DÉCO IN PORTUGAL

An der Praça dos Restauradores im Zentrum Lissabons erinnert noch heute die Fassade des Teatro Éden an die Experimente einer Generation von Architekten mit neuen Baustoffen und Formen. Die Planungen für das Großkino beginnen 1929. Die ersten Entwürfe zeichnet Cassiano Branco, später übernimmt Carlos Florêncio Dias die Bauleitung. Hinter den mit Marmor verkleideten Eingängen gelangen die Besucher aus der barocken Altstadt Lissabons in eine andere Welt: Das Vestibül mit seinen weitläufigen Treppen und den Geländern aus Metall erinnert an luxuriöse Passagierschiffe auf den Ozeanen. Das Foyer ist schlicht, aber in kostbaren Materialien ausgeführt, den Höhepunkt bildet der gewaltige Kinosaal mit mehreren Emporen, zwischen den Vorführungen strahlend erleuchtet von dekorativen Bändern aus Licht.

In den Zwanzigerjahren streben Cassiano Branco und andere junge Architekten wie die etwa gleichaltrigen José Ângelo Cottinelli Telmo, Luís Cristino da Silva und Carlos Ramos nach einem modernen Baustil. Bis dahin war in Portugal noch immer der Historismus der Pariser École des Beaux-Arts tonangebend, die lange die akademische Ausbildung in ganz Europa beeinflusst hat. Doch typisch für die Kunst und Kultur Portugals im 19. und frühen 20. Jahrhundert wendet man sich nun für neue Impulse einmal mehr nach Paris: Der Stil des Art déco, benannt nach der Pariser *Exposition internationale des Arts Décoratifs et industriels modernes* von 1925, markiert den Übergang von einem eklektischen Stilmix zu einer rein funktionalen Architektur.

Die „Generation des Kompromisses", wie Carlos Ramos seine Kollegen und sich später einmal bezeichnet, steht einer konservativen und zuweilen provinziellen Architekturauffassung gegenüber. Deshalb schützt die jungen Architekten ihre Beschäftigung mit Nutzbauten neuen Typs wie Kinos, Terminals und Parkhäuser in gewisser Weise vor Kritik aus den etablierten akademischen Kreisen. Die neue Formensprache sowie der Einsatz von Metall und Beton scheinen den Ansprüchen einer technisierten und auf Massenkonsum ausgerichteten Zeit angemessen.

Die Verbreitung des neuen Baustils fällt mit dem Aufstieg des autoritären Estado Novo zwischen 1926 und 1933 zusammen. Anfangs passt die Assoziation mit Modernität und Fortschritt noch zu dem Bild, das das Salazar-Regime von sich zeichnet. Staatsaufträge für Behörden, Bildungseinrichtungen und Ausstellungsgebäude sind die Folge. Doch schon nach wenigen Jahren wächst die Kritik am internationalen Charakter des Modernismus, und die zunehmende Isolation Portugals beginnt sich auch in der Architektur abzuzeichnen.

Die Art-déco-Fassade des Kinos
Teatro Éden, 1931 eröffnet

THREE O'CLOC[K] IN THE MORNING

NOVELTY WALTZ
WITH CHIMES

by **Julian Robledo**

FRED LOW

Price 2/-
Full Orchestra 2/6
Small 2/-

London
West's Ltd
12 Moor St W1 / Charing Cross Rd W1

LONDON
DAS EMPIRE IM ZENIT

I n den Zwanzigerjahren ist London die Hauptstadt des größten Weltreichs der Geschichte. Mit der Übernahme früherer deutscher und osmanischer Gebiete als Mandate des Völkerbunds erreicht das British Empire 1919 seine größte Ausdehnung. Die Kolonialausstellung im Vorort Wembley 1924 feiert den Zusammenhalt, doch der autonome Irische Freistaat fehlt bereits und an der Wiedereröffnung ein Jahr später will sich auch die indische Verwaltung nicht mehr offiziell beteiligen. Praktisch überall sehen sich die Briten mit immer stärkeren Forderungen nach Unabhängigkeit konfrontiert.

Bei allen Problemen bieten die Zwanzigerjahre aber auch neue Perspektiven. Zu den wichtigsten Entwicklungen im Großbritannien der Zwischenkriegszeit gehören die Ausdehnung des Wahlrechts und die damit zusammenhängende Etablierung der Labour Party als politische Kraft. In zwei Schritten erlangen Männer und Frauen ab einem Alter von 21 in den Jahren 1918 und 1928 das volle Wahlrecht. Die Zahl der Stimmberechtigten verfünffacht sich, Wahlen mit den begleitenden Kampagnen werden zu Großereignissen.

Nach dem Sturz des Liberalen David Lloyd George 1922 und dem Intermezzo Andrew Bonar Laws von den konservativen Torys lösen sich dessen Parteikollegen Stanley Baldwin (amtierte 1923–24, 1924–29 und 1934–37) und Ramsay MacDonald von der Labour Party (amtierte 1924 und 1929–35) mehrmals als Premierminister ab. MacDonald bildet die erste Labour-Regierung. Sein eigener Werdegang steht für eine neue soziale Mobilität, denn er ist der erste britische Premier aus der Arbeiterklasse und einer der wenigen ohne akademische Bildung.

Von den wirtschaftlichen Verwerfungen der Zwanzigerjahre bleibt London weitgehend verschont. Massenarbeitslosigkeit und Armut der Zwischenkriegszeit treffen vor allem die alten Bergbau- und Industrieregionen in Schottland, Nordirland, Nordengland und Wales. Dagegen erleben London und der Süden der Insel einen starken Aufschwung. Motoren dieser Entwicklung sind die Baubranche und die Konsumgüterindustrie. Die nach wie vor große Bedeutung Londons für den Handel mit dem Weltreich ist auch für amerikanische Investoren interessant, und so verlegen die Ford-Motorenwerke ab 1929 ihre Produktion aus Manchester nach Dagenham im Osten Londons mit direktem Zugang zur Themse. Zunehmend siedeln sich Fabriken auch außerhalb der alten Stadtgrenzen an. Die modernen Produktionsanlagen sind weiträumig, hell und sauber. In Brentford etwa, an der Great West Road von London nach Bath und Bristol, entstehen ab den Zwanzigerjahren eine ganze Reihe neuer Fabriken im Stil des Art déco – die sogenannte Golden Mile. Aber auch in der Innenstadt hinterlässt der Boom seine Spuren durch neue, repräsentative Firmensitze wie das Britannic House, das Edwin Lutyens bis 1927 für die Anglo-Persian Oil Company (später British Petroleum) am Finsbury Circus in der City errichtet.

Die inneren Stadtbezirke leiden unter dem erhöhten Verkehrsaufkommen durch Autos, Busse und Lastwagen (Abbildung gegenüber). Ende der Dreißigerjahre ist die durchschnittliche Verkehrsgeschwindigkeit im West End geringer als zu den Zeiten, als noch Pferde als Zugtiere zum Einsatz kamen. Vor allem häufen und verschlimmern sich die Verkehrsunfälle – bis 1935 darf jeder über 17 ohne vorhergehende Tests einen Wagen steuern. Die erste Ampel steht 1926 am Piccadilly Circus.

Außerhalb der Innenstadt ist mehr Platz für eine gezielte Stadtplanung. Neue Autostraßen und Trassen für Untergrundbahnen und Vorortzüge werden zu Lebensadern der Stadterweiterung. Ein erster ziviler Flughafen öffnet 1920 in Croydon. Die bebaute Fläche der Stadt verdoppelt sich und wächst weit hinaus über die Grenzen der im 19. Jahrhundert gebildeten Grafschaft London, die dem London County Council (LCC) unterstand. Erst 1965 wird die Region zum heutigen Greater London zusammengefasst.

Die Einwohnerzahl steigt in der Zwischenkriegszeit auf über acht Millionen; als größte Stadt der Welt wird London jedoch von New York überholt.

Eines der nachhaltigsten Projekte der Regierung wie des LCC ist der Wohnungsbau – als „Bollwerk gegen den Bolschewismus". Zudem hat Premierminister Lloyd George den Kriegsheimkehrern „Wohnungen für die Helden, die den Krieg gewonnen haben" versprochen. So werden von 1919 bis 1939 750.000 neue Häuser und Wohnungen in London und Umgebung gebaut, das ist fast die Hälfte aller Wohnungsneubauten in England und Wales in dieser Zeit. Als Bauträger tun sich neben dem LCC und Immobilienunternehmen auch Eisenbahngesellschaften wie die Southern Railway oder die Metropolitan Railway hervor. Im „Metro-Land" kosten Häuser für die Arbeiter- und Mittelschicht zwischen 420 (heute 22.800) bis 2.500 (heute 135.700) Pfund. Im „Stockbroker Belt" oder „Cocktail Belt" entstehen Villenviertel für ein gehobenes Klientel.

Die Weltwirtschaftskrise ab 1929 und die folgende Great Depression treffen wieder besonders den Norden und Westen des Königreichs. Bis 1931 halbiert sich der Export und verdoppeln sich die Arbeitslosenzahlen. Das gewalttätige Auftreten der 1932 gegründeten British Union of Fascists (BUF) in London ist ein Vorgeschmack auf kommende Konflikte.

VOM METRO-LAND ZUM WEST END

VORSTADTIDYLLE UND NIGHTCLUB HOPPING

Nach dem Weltkrieg verändert sich das Londoner West End grundlegend: Immer weniger Adelsfamilien können oder wollen sich den Unterhalt ihrer Stadtpaläste noch leisten. Diese weichen Büros, Hotels und Apartmentkomplexen, deren Namen zum Teil noch an ihre aristokratischen Vorläufer erinnern wie im Fall des 1929 eröffneten Grosvenor House Hotels. Die Regent Street wird fast vollständig neu aufgebaut: Kinos, Kaufhäuser, Restaurantketten und – als ganz neues Element – mehrstöckige Garagen verlangen nach größeren Dimensionen.

Die „Demokratisierung" des West Ends hängt wesentlich mit dem Ausbau des öffentlichen Nahverkehrs und der Verbreitung des Autos zusammen. Mobilität und Geschwindigkeit überwinden die überkommenen Grenzen und Beschränkungen der Stadtgesellschaft und verändern Arbeitsbedingungen, Wohnverhältnisse und Freizeitverhalten vieler Londoner. Zukunftsweisend sind die neuen Vororte entlang der Metropolitan Line im Nordwesten Londons, das sogenannte Metro-Land. Dort wohnt man „im Grünen", kann aber schnell zu den Arbeitsplätzen und Freizeitangeboten der Innenstadt gelangen.

Wenn die Nachtschwärmer die Stationen der Untergrundbahnen und Vorortzüge verlassen, etwa die Station Baker Street der Metropolitan Line oder die bis 1928 umgebaute Station Piccadilly Circus, erwartet sie ein aufregendes Nachtleben: volle Bürgersteige, dichter Straßenverkehr, Schaufenster, Leuchtreklamen. Mitte der Zwanzigerjahre konkurrieren gut 11.000 Nachtklubs um die Hauptstädter. Gleich in der Baker Street liegt der London Club, der sich speziell am Geschmack und am Geldbeutel der Mittelklasse orientiert. Vorbild sind die eleganten bis verruchten Klubs, in denen sich die Oberschicht mit der Halbwelt vergnügte. Im Embassy Club in der Bond Street halten junge Royals an festen Tagen Hof: Die prominenten Besucher schützen vor Polizeirazzien auf der Suche nach der Modedroge Kokain. Gastauftritte von amerikanischen Jazzbands, Kabarett-Einlagen, gläserne Tanzflächen und ausgefallene Dekorationen berühmter Künstler sorgen für Abwechslung. Um in den von Henri Matisse gestalteten Gargoyle Club der Bright Young People (vgl. Seite 88) in der Deen Street zu gelangen, muss man sich durch Scharen von Prostituierten kämpfen – ein zusätzlicher Kick für die illustren Gäste.

Auf das breite Massenpublikum stellt sich eine neue Unterhaltungsindustrie ein: Kinopaläste werden errichtet mit Plätzen für Tausende Besucher, Musicaltheater zeigen Broadway-Shows aus Übersee ebenso wie die neuesten Stücke von Ivor Novello und Noël Coward – den beiden jungen Stars der Londoner Theaterszene.

Am Ende kehrt man in die Vororte zurück, denn wie ein zeitgenössischer Schlager verspricht: „It is happiness crowned, it is paradise found, in my little Metro-Land home."

Anzeige für das Modehaus Ross in der
Bond Street im Londoner West End.
20er Jahre

PRINCE OF WALES
LEADER OF FASHION

„Tatsächlich haben mich andere zum Modevorbild ‚gemacht', die Tuchhändler haben mich zur Schau gestellt und die Welt hat zugesehen", erklärt der frühere König Edward VIII., vormals Prince of Wales, nun Duke of Windsor, im Jahr 1960 rückblickend auf seine Rolle als männliche Stilikone.

Nicht besonders groß, doch gutaussehend, vor allem charmant und selbstbewusst, ist der 1894 geborene britische Thronfolger ein Liebling des Publikums. Seine offiziellen Reisen, etwa in die USA 1924, sind mediale Großereignisse. Ein Hauptaugenmerk der Berichterstattung liegt auf seinem Kleidungsstil. Detailliert werden Schnitte, Stoffe und Muster beschrieben. Geschäfte werben mit dem Slogan „Worn by the Prince"; Kunden haben beim Einkauf Zeitungsausschnitte zur Hand.

Der Prince of Wales verkörpert die Sehnsucht seiner Zeit nach Zerstreuung, Jugend und Sportlichkeit. Er gilt als Playboy, man sieht ihn bei Pferderennen und Golfturnieren, in Sportwagen und auf Yachten, er besucht Partys und die angesagten Londoner Nachtklubs. Sein Vater George V. lehnt den Lebenswandel seines ältesten Sohnes strikt ab. Konfliktstoff bietet auch die Kleidung, etwa braune Schuhe zu dunklen Anzügen oder kleine Details wie doppelte Hosenaufschläge, die den Zorn des Königs erregen.

Doch die modebewusste Öffentlichkeit folgt dem Beispiel des Prinzen bereitwillig. Gegen die formellen Kleidungsvorschriften des Establishments mit seinen Zylindern und gestärkten Kragen führt der Prince of Wales eine neue Lässigkeit in der Herrenmode ein und macht Jagd- und Sportkleidung quasi salonfähig. Sein Motto ist: „Dress soft".

Zu den Kleidungsstücken, die man bis dahin eher mit der Welt der Arbeiter oder dem Landleben in Verbindung gebracht hat, die aber durch den Prinzen ungeheuer populär werden, gehört die Schiebermütze, auch Newsboy cap genannt, oder eine besondere Form der Knickerbocker, die vier Inches (gut 10 cm) längeren Plus fours. Seinen Namen tragen heute noch der Windsor-Knoten und der dazu passende weite Kragen, der Prince of Wales collar.

Besonders markant ist die Vorliebe des Prinzen für gewagte Kombinationen von Mustern und Farben: „Je schriller sie sind, desto lieber mag ich sie."

Er schätzt schottischen Tweed in grellen Karos und die bunten Fair-Isle-Strickpullover von den Shetlandinseln. Auch später im französischen Exil lässt sich der Duke of Windsor seine Kleidung in Großbritannien anfertigen. Anzüge und Hosen stammen von dem Maßschneider Frederick Scholte in der Savile Row, seine Hemden von Hawes & Curtis in der Jermyn Street – bis heute die beiden Zentren der Londoner Herrenausstatter und feste Bezugsgrößen in der Modewelt.

Bei einem Jagdrennen zeigt sich der
Prince of Wales lässig mit Schiebermütze.
Riseley / Bedfordshire, 1928

GANGS UND GANGSTER

UNRUHE IN DER UNTERWELT

In Epsom, einer Vorstadt im Süden Londons, steht ein großer Wagen quer über die London Road und versperrt die Weiterfahrt. Ein anderes Lastauto muss anhalten. Plötzlich schießt ein Taxi heran und rammt mit voller Wucht den Laster, dessen Insassen hinausgeschleudert werden. Aus dem Wagen, der die Straße blockiert, springen etwa 30 bis 40 Männer, bewaffnet mit Hämmern und Beilen. Sie treffen jedoch nicht auf die Sabini-Brüder, denen sie aufgelauert haben, sondern auf deren Auftraggeber, Buchmacher für Pferdewetten, die nun selbst die Prügel einstecken müssen: Schädelbrüche, zertrümmerte Knochen, ausgeschlagene Zähne. Der sogenannte „Epsom Hold-up" am 2. Juni 1921, einen Tag nach dem Epsom Derby, ist einer der Höhepunkte in den Bandenkriegen der Londoner Unterwelt.

Charles „Wag" McDonald, der den Überfall geleitet hat, ist einer der großen Gangleader Londons. Seine Basis hat er im Viertel Elephant and Castle südlich der Themse, sein Spezialgebiet ist die Schutzgelderpressung von Buchmachern. Noch vor dem Weltkrieg tut er sich mit William „Billy" Kimber aus Birmingham zusammen, der seinen Einfluss in London vergrößern will. Eine Gruppe jüdischer Buchmacher, die gleich von mehreren dieser Racehorse Gangs zur Kasse gebeten werden, sucht Unterstützung bei den Sabini-Brüdern aus Saffron Hill, Londons „Little Italy". Ihr Einstieg in das lukrative Geschäft mit den Pferdewetten löst eine Spirale der Gewalt aus.

Die Welt der organisierten Kriminalität ist unübersichtlich, ihre Netzwerke erstrecken sich über das ganze Land, wie die Präsenz von Billy Kimbers „Birmingham Boys" in London zeigt. Verschiedene, zumeist nach Vierteln und Straßen benannte Gruppen kämpfen gegeneinander. Selbstverständlich kommen auch Frauen zum Einsatz, etwa die „Forty Elephants", eine straff organisierte Gang unter der Führung aufeinanderfolgender „Queens". Sie sind mit McDonalds „Elephant and Castle Gang" verbunden und plündern vor allem Luxusgeschäfte aus.

Verhaftungen nach dem Überfall in Epsom schwächen die Gegner der Sabinis. Wag McDonald setzt sich vor der Strafverfolgung nach Übersee ab, arbeitet für die Mafia und als Bodyguard für Hollywoodstars wie Charlie Chaplin. Billy Kimber wird stiller Teilhaber von Kate Meyrick, der Nachtklub-Königin Londons, die wegen illegalen Alkoholausschanks und Bestechung von Polizisten selbst immer wieder mit dem Gesetz in Konflikt kommt. Die Sabini-Brüder können ihre Position bis zum Zweiten Weltkrieg behaupten.

Lillian Kendall, von der Polizei „the Bob-haired Bandit" (Bubikopf-Banditin) genannt, gehört zur berüchtigten Frauengang der Forty Elephants.

BRITISH EMPIRE EXHIBITION
WO IST NUR DER SPASS GEBLIEBEN?

Nachdem man unter orientalischen Kuppeln zum ersten Mal im Leben Jaffa-Orangen aus Palästina probiert hat, ist es nur noch ein kurzer Spaziergang – vielleicht im Rhythmus schottischer Dudelsäcke, die im Hintergrund Militärmusik spielen – zu den Eingeborenen in den westafrikanischen Dörfern. Und weiter geht es durch das Tor der nachgebauten Stadtmauern von Kano, denn gegenüber wartet schon das lebensgroße Modell des Prince of Wales samt Reitpferd – aus frisch gekühlter kanadischer Butter: ein Triumph der Zivilisation.

In Wembley im Nordwesten Londons präsentieren sich auf 87 Hektar die Dominions, Kolonien, Protektorate und Mandatsgebiete des Britischen Empires. Gut 17 Millionen Menschen bestaunen im Sommer 1924 die Kolonialausstellung; in einer zweiten Saison folgen ein Jahr später noch einmal neun Millionen Besucher.

Die British Empire Exhibition ist *das* Mega-Event im London der Zwanzigerjahre. Ungeheuer kostspielig und jahrelang geplant, soll sie das Zusammengehörigkeitsgefühl im Weltreich stärken und den Handel untereinander fördern. Das Ergebnis wird sehr unterschiedlich bewertet. Briten fällen auch weiterhin unpatriotische bzw. unimperiale Kaufentscheidungen, es sei denn, die Butter aus Übersee ist tatsächlich billiger als die Konkurrenz vom Kontinent. Für Dominions wie Kanada und Australien ist die Ausstellung vor allem eine Gelegenheit, dem Mutterland auf Augenhöhe zu begegnen: 1931 erlangen sie die volle Souveränität. Afrikanische Studenten in London jedoch protestieren gegen die Darbietung ihrer Landsleute, die an rassistische Völkerschauen erinnere.

Wie für den Dichter John Betjeman, der sich Jahrzehnte später an seine Besuche als Teenager erinnert, ist für viele Londoner der angeschlossene Vergnügungspark die eigentliche Hauptattraktion. Hinzu kommt das neue Empire Stadium für über 100.000 Zuschauer, in dem in einer endlosen Folge Konzerte, Paraden, Wettkämpfe, Gottesdienste und andere Veranstaltungen abgehalten werden. Ein Historienspiel etwa, erdacht von Rudyard Kipling und begleitet von Kompositionen Edward Elgars, stellt die Geschichte des Empires nach.

Die British Empire Exhibition bietet einem Massenpublikum Anlass und Raum, sich zu vergnügen: Exotische Eindrücke sind ebenso verlockend wie der Geschwindigkeitsrausch in den Achterbahnen und Karussells; das Gefühl imperialer Überlegenheit ist nur ein Nebeneffekt. „Oh altes Wembley, wo ist nur der Spaß geblieben?", wird Betjeman 1973 fragen, auch mit Blick auf das verlorene Weltreich.

Zumindest das Stadion, als „Old Wembley" ein fester Begriff in der Welt des Sports, wurde noch bis zum Jahr 2000 genutzt. Mittlerweile ist es einem Neubau gewichen.

Menschenschau: Angehörige der südafrikanischen
Zulus auf der British Empire Exhibition. Wembley
bei London, 1924

BRIGHT YOUNG PEOPLE
LUST UND LASTER

Angefangen hat alles mit wilden Auto-Schnitzeljagden, bei denen junge Söhne und Töchter der Oberschicht durch London rasen. Ihre Späße und Streiche werden immer ausgelassener, man stiehlt Helme von Polizisten und Korsetts berühmter Schauspielerinnen, feiert Kostüm- und Mottopartys oder veralbert die seriöse Kunstwelt – mit einer Vernissage für den erfundenen deutschen Avantgarde-Künstler Bruno Hat.

Mit Begeisterung stürzt sich die Presse auf das Treiben der jungen Leute: In einer Mischung aus Faszination und Empörung berichten die Blätter über die neuesten Possen. Immer wieder tauchen dieselben Personen auf, die bald zu festen Größen werden, Celebrities, von der Presse die „Bright Young People" getauft.

„Bright" ist *das* Adjektiv der Zwanzigerjahre. Es steht für ein Lebensgefühl, das sich von der Formalität der Vorkriegszeit ebenso absetzt wie von den Entbehrungen des Kriegs oder den Problemen der Gegenwart. Hinzu kommt ein neuer Jugendkult: Jung zu sein wird eine Qualität an sich und öffnet den Weg zu schnellen Karrieren in der Politik, den Medien oder der Kunst.

Dabei täuscht die Fremdzuschreibung über die tatsächliche Heterogenität der Bright Young People hinweg. Was sie eint, ist vor allem die Erfahrung, im Schatten des Weltkriegs aufgewachsen zu sein, eine Art Lost Generation, die ohne die sozialen und ökonomischen Gewissheiten ihrer Eltern auskommen muss.

Der Wirbel um die Bright Young People bietet ihnen viele Chancen. Vergleichbar mit heutigen Influencern können sie mit der Presse zusammenarbeiten; nicht selten stammen die Klatschreporter aus den eigenen Reihen. Für Geld oder andere Gegenleistungen verschaffen sie Restaurants und Modeschöpfern Aufmerksamkeit oder machen eigene Projekte bekannt. Eine Verbindung zu den Bright Young People steigert den Marktwert, dient als Werbeslogan.

Als Evelyn Waugh 1930 seine Satire *Lust und Laster* veröffentlicht, haben die Bright Young People ihren Zenit schon überschritten. Mit der Kommerzialisierung setzt der Niedergang ein – und die jungen Leute werden natürlich auch älter. Ähnlich wie Waugh profitieren andere von den gesellschaftlichen Verbindungen, etwa der Fotograf Cecil Beaton oder der Maler Edward Burra. Nun konzentrieren sie sich auf ihre Karrieren, gründen Familien, gehen ins Ausland. Einige der Bright Young People wenden sich der Religion zu, dem Kommunismus oder dem Faschismus, andere verfallen in völliges Phlegma oder erliegen dem Drogenkonsum. Die Great Depression verändert das gesellschaftliche Klima, dekadente Partys werden nun als Provokation empfunden. Und Waughs Roman endet mit der prophetischen Vision eines apokalyptischen Kriegs, „dem größten Schlachtfeld der Welt", auf dem sich einige seiner Protagonisten noch einmal versammeln.

ABDULLA'S DANCING PARTNER

FIAMETTA.

Not all the Dancing Girls of buried Kings
Brought Magic to the world—until You came
Whirling and swaying like a wind-blown flame
With small feet floating as if borne on wings.

You dance away our griefs and dull regrets,
Life is an Ecstasy—and we are young—
Sweet Fiametta, 'ere the flowers are flung,
We thank you with ABDULLA CIGARETTES.

F. R. HOLMES.

„Das Leben ist ein Freudentaumel – und wir sind jung": Mit den medienaffinen Bright Young Things wird Jugendlichkeit zum Verkaufsschlager. Britische Zigarettenwerbung. 20er Jahre

Langsam wandern die Rocksäume nach oben: Elegante Frauen und eine sportliche Limousine. Um 1920

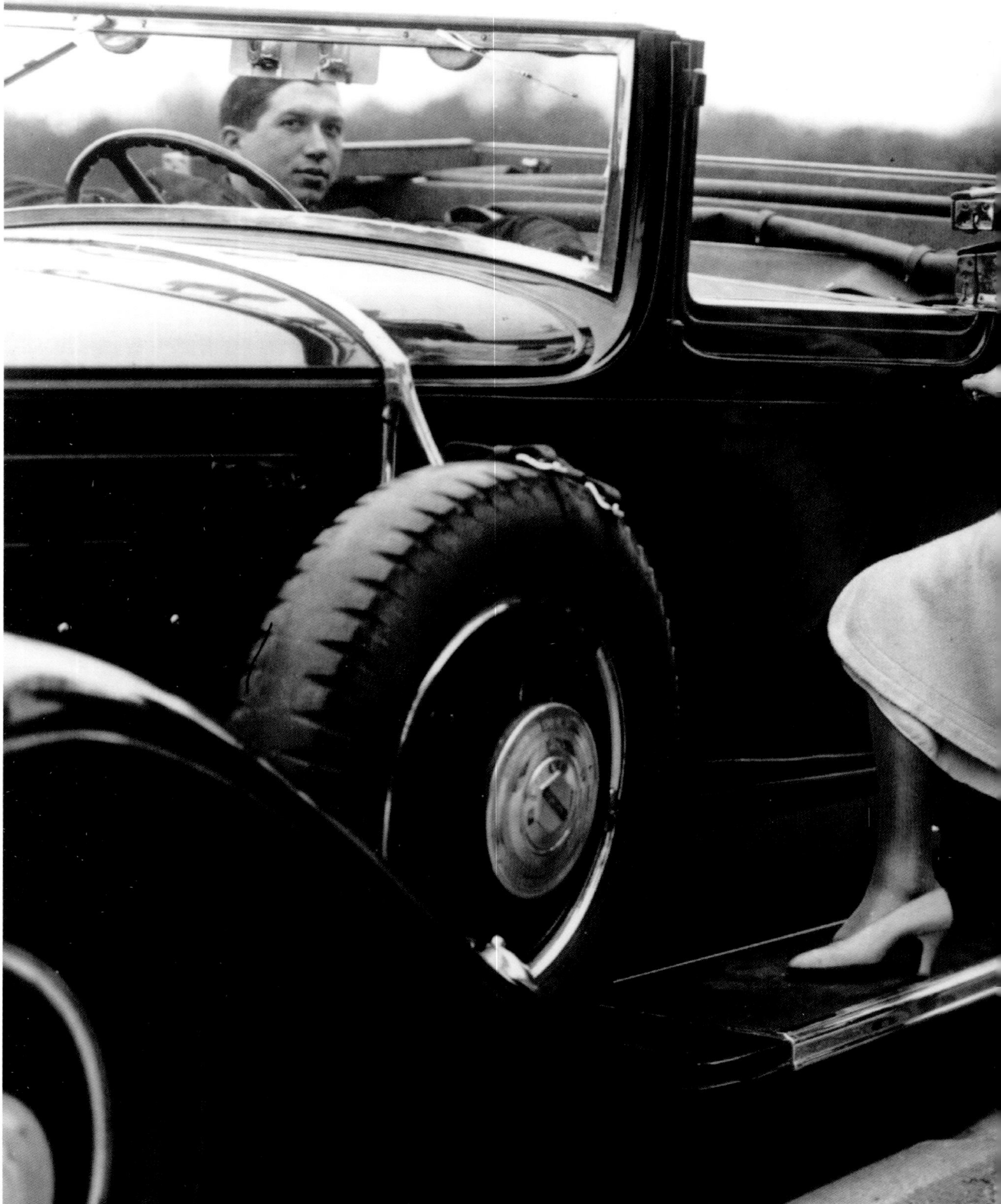

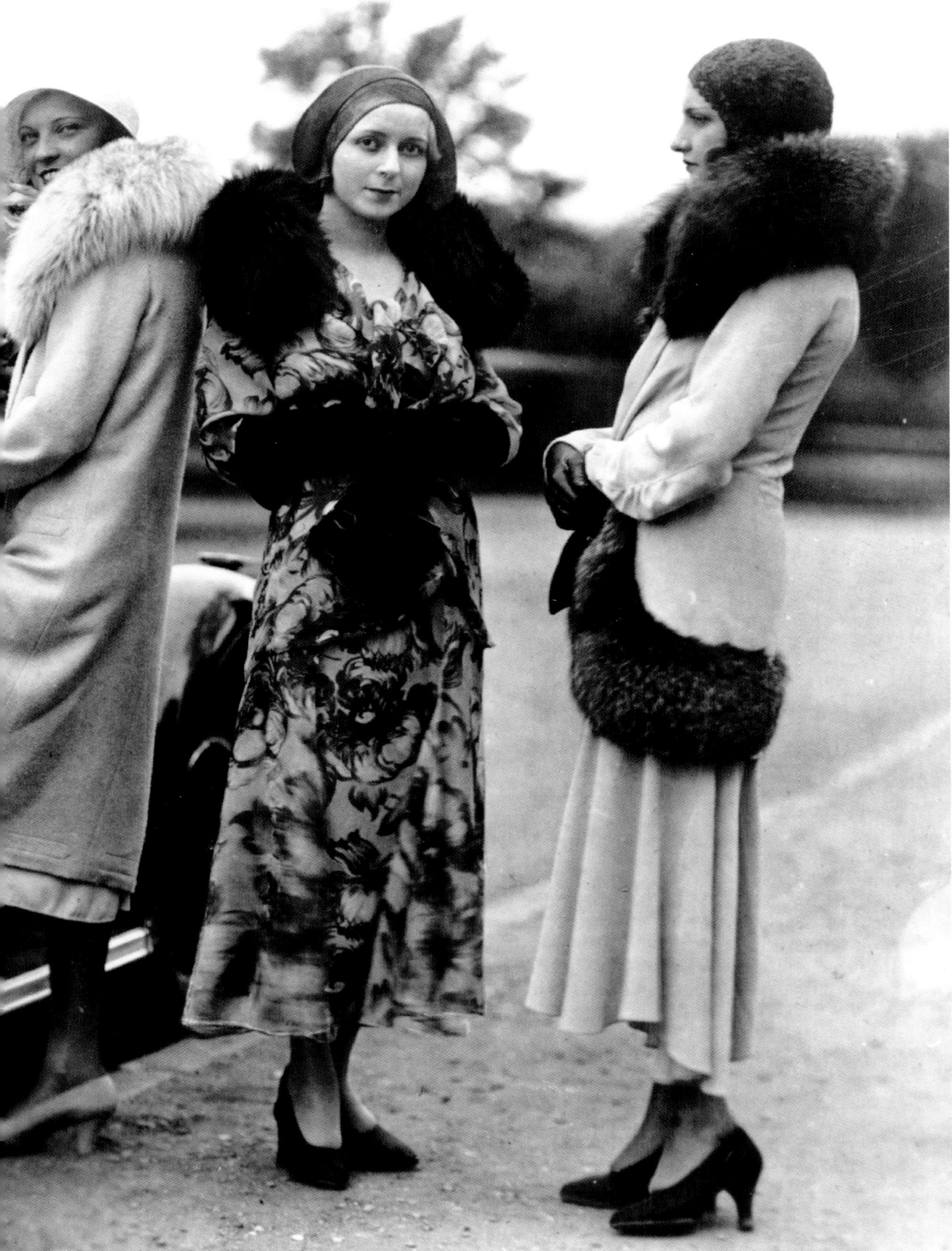

GENERALSTREIK

LONDON MACHT WEITER

„London ‚carries on'", verkündet der *Daily Mirror* am 6. Mai 1926, dem dritten Tag des Streiks. Zur Unterstützung von Minenarbeitern im Norden des Landes hat der Gewerkschaftsverband TUC (Trades Union Congress) seine Mitglieder zur Arbeitsniederlegung aufgefordert. Der folgende Generalstreik, der einzige in der britischen Geschichte, dauert neun Tage und politisiert die Gesellschaft nachhaltig. Manchen gilt er als wichtigerer Einschnitt in der Zwischenkriegszeit als der Börsenkrach von 1929.

Aufgestachelt von der Tory-Regierung und einer konservativen Presse macht sich eine gewisse revolutionäre Hysterie breit. Angeblich bereiten ausländische Agitatoren bereits eine Revolution vor wie in Russland. Dabei sind es die Minenbesitzer selbst, die ihre Arbeiter vom Betreten der Gruben abhalten. Diese werfen, veraltet und unproduktiv, immer weniger Gewinne ab. Also sollen die Bergleute bei geringerer Bezahlung ihre Stundenzahl erhöhen. „Not a second on the day, not a penny off the pay" ist die Antwort. Über anderthalb Millionen Gewerkschaftsmitglieder zeigen ihre Solidarität, darunter Arbeiter in den Häfen, in Druckereien, in Gas- und Elektrizitätswerken und in den Betrieben des öffentlichen Nahverkehrs.

Dies betrifft vor allem die Hauptstadt, nicht nur als Sitz der so herausgeforderten Regierung, sondern auch als Millionenmetropole, die auf eine funktionierende Infrastruktur angewiesen ist. Doch Premierminister Baldwin ist vorbereitet. Sofort werden Truppen entsandt, um Warentransporte aus den Docks sicherzustellen. Im Hyde Park errichtet die Armee Baracken als zentrale Lebensmitteldepots. Nahverkehr sowie Gas- und Stromversorgung können teilweise mit Arbeitern, die nicht gewerkschaftlich organisiert sind, aufrechterhalten werden. Vor allem aber finden sich Zehntausende Freiwillige aus der Mittel- und Oberschicht, die – beseelt vom Klassenkampf – Busse und Lastwagen fahren oder sich in andere Arbeiten einweisen lassen: „Da waren schmächtige Jungs von der Uni und solide Familienväter; da waren ehrwürdige ältere Herren, die im Geiste die Nationalhymne summten; da waren schicke Börsenmakler, die immer schon das Richtige tun wollten, und schöne Künstlernaturen, die auf den Märtyrertod hofften", so die Schriftstellerin Barbara Goolden.

London erlebt gestrandete Pendler, von Panzerwagen begleitete Lebensmittellieferungen, Protestaktionen und Polizeieinsätze. Doch der große Zusammenbruch bleibt aus. Nach nur neun Tagen gibt der TUC klein bei; die Bergleute halten noch bis November aus, bevor sie die Angebote der Minenbesitzer notgedrungen akzeptieren.

Während des Generalstreiks helfen Freiwillige der
Regierung beim Aufbau eines Depots für Milch im
zentral gelegenen Hyde Park. 1926

PALÄSTE AUF RÄDERN
DIE GOLDENE ÄRA DER LUXUSZÜGE

In zwei Tagen soll es in die Karibik gehen. Doch auf der Dinnerparty schwärmt ein Ehepaar von Bagdad, der Hauptstadt des neuen Irak, der unter der Kontrolle der Briten steht. Schon lange liebäugelt Agatha Christie mit einer Reise in dem legendären Orientexpress. Und sie interessiert sich für die Ausgrabungen des Archäologen Leonard Woolley in der biblischen Stadt Ur. Der Entschluss ist schnell gefasst, die Schriftstellerin will den Winter 1929/30 lieber im Nahen Osten verbringen als in der Karibik. Am nächsten Morgen kontaktiert sie die Reiseagentur Thomas Cook & Son, die alle Änderungen vornimmt – so berichtet es Christies Biograf Charles Osborne.

Die Compagnie Internationale des Wagons-Lits (CIWL), die den Orientexpress betreibt, sorgt für einen reibungslosen Ablauf der Reise. Zum Unternehmen gehören auch andere Luxuszüge wie der Train Bleu an die Riviera und mehrere Hotels. Mit der Übernahme von Thomas Cook 1928 wird die CIWL zum damals größten Touristikkonzern der Welt.

Die Fahrt von London nach Istanbul dauert nur zweieinhalb Tage, viereinhalb Tage braucht man nach Syrien, sechs Tage in den Irak und nach Ägypten, von wo aus Schiffsverbindungen nach Indien bestehen. Von der Victoria Station in London geht es nach Dover, dann mit einer Fähre über den Ärmelkanal und weiter auf verschiedenen Routen bis nach Istanbul. Auf der anderen Seite des Bosporus warten die Anschlusszüge in den Nahen Osten.

Könige, Diplomaten und Spione fahren in den Zwanzigerjahren in alte und neue Hauptstädte, Beamte und Offiziere machen sich auf den Weg zu ihren Posten in den Kolonien, Geschäftsleute reisen zu den Ölfeldern von Mossul, Touristen besuchen die Badeorte am Mittelmeer und die Stätten antiker Hochkulturen.

Alle Grenzübertritte sowie die Wechsel zwischen Zug und Fähre werden vom Reiseveranstalter organisiert. In den Salon- und Speisewagen kümmern sich livrierte Diener und französische Köche um das Wohl der Fahrgäste, in den Schlafwagenabteilen lassen sich die Sitzgelegenheiten des Tages für die Nacht in bequeme Betten umwandeln. Die Ausstattung entspricht dem neuesten Geschmack: mit Glaskunst von Lalique und Art-déco-Intarsien von René Prou.

Agatha Christie, die im Irak ihren zweiten Ehemann, Woolleys Assistenten Max Mallowan, kennenlernt und auch ihre Hochzeitsreise im Orientexpress antritt, verewigt die Luxuszüge in zwei ihrer Krimis: 1928 löst Hercule Poirot einen Fall im Train Bleu (*Der Blaue Express*) und 1934 ermittelt der belgische Privatdetektiv im Orientexpress (*Mord im Orientexpress*).

Die Compagnie Internationale des Wagons-Lits (CIWL) befördert ihre Reisenden aus London mit größtmöglichem Komfort in die französischen Bade- und Kurorte. Französisches Werbeplakat, 1927

NORD - WAGONS - LITS - P.L.M
Vaurac
LONDRES - VICHY - PULLMAN
LUCIEN SERRE & Cie - IMP. 19, Rue du Terrage, PARIS
AVRIL 1927

ТЫ ЗАПИСАЛСЯ ДОБРОВОЛЬЦЕМ?

MOSKAU

WELTHAUPTSTADT DER REVOLUTION

Als nach dem Sturz des Zaren in der bürgerlichen Februar-Revolution die Bolschewiki in der Oktoberrevolution 1917 die Macht erobern, verlegen sie 1918 die Hauptstadt Russlands nach 200 Jahren von Sankt Petersburg zurück nach Moskau, wo Ende 1922 die Sowjetunion offiziell proklamiert wird.

Da aller revolutionärer Elan, alle Kampagnen, alle Ideologie vom Zentrum in die Peripherie getragen werden, herrscht in Moskau bis Mitte der 20er eine eigentümlich überhitzte und geschäftige Atmosphäre voller Optimismus, Opferbereitschaft und unbeirrbarer Aufbruchstimmung, die Revolutionsbegeisterte unglaubliche Anstrengungen unter Hintanstellung persönlicher Bedürfnisse und Verzicht auf jeglichen Komfort bewältigen lässt (Abbildung gegenüber: „Hast Du Dich schon zur Roten Armee gemeldet?", 1920). Zugleich beginnt der Aufbau eines sozialistisch-bürokratischen Wasserkopfs mit Ämtern, Kommissionen, Aktionskomitees und Räten, deren Kompetenzen sich vielfach überschneiden und die ebenso wie die vom Land und Ausland zuströmenden Menschen Räumlichkeiten benötigen.

Revolutionärer Elan erfasst auch die Stadtplaner und Architekten, die Pläne und Entwürfe einer neuen, sozialistischen Architektur vorlegen und in den ersten Jahren relativ frei und gewagt experimentieren dürfen. Gleich 1920 gründen sich die Moskauer Höheren Künstlerisch-Technischen Werkstätten (Wchutema); die Entwürfe des „Russischen Bauhauses" übertreffen die Ideen des Originals an Funktionalität, Konstruktivismus und Technikbegeisterung, um die „rationale, gesetzmäßige Erfassung der emotionalen Wirkung des Raumes" zu gewährleisten, wie Nikolai Ladowski formuliert. Stalin wird in den 30ern unter den Mitgliedern entsetzlich wüten.

Auch westliche Architekten, Literaten und Arbeiter wenden sich dem Sowjetexperiment neugierig zu und stellen ihre Arbeitskraft für Moskau und für Aufbauarbeit in der Provinz zur Verfügung. Zwischenzeitlich hat die Verwaltung Mühe, die eintreffenden Aufbauwilligen auf die Großprojekte zu verteilen. Walter Gropius' Manifest, mit neuem Bauen das Verhältnis von Bildung, Kunst und Gesellschaft neu zu fassen, stößt in Russland auf offene Ohren. Nachdem mehrere Bauhaus-Künstler zwischenzeitlich als Lehrer oder Studenten in Moskau tätig sind, siedelt 1930 der zweite Bauhaus-Direktor Hannes Meyer mit bedeutenden Stadtplanern ganz nach Moskau über.

In Moskau selbst entstehen vor allem öffentliche Großgebäude für das neue sozialistische Kollektiv wie Versammlungs- und Wohnheime, Volksküchen, Bibliotheken oder Schulungszentren; der neue Stil ist vor allem konstruktivistisch und kubistisch, aber keineswegs einheitlich. Es zeigt sich eine Freude am Experimentieren mit Stahl, Glas, Beton und gewagten Formen (Abbildung gegenüber: Sujew-Arbeiterklub, 1927–29).

1925 beschließt die Regierung die völlige bauliche Neugestaltung der Hauptstadt, die 1926 mit zwei Millionen Einwohnern Leningrad überholt. Die kommunistisch-utopische Aufbruchstimmung der Zwanzigerjahre fokussiert sich auf Moskau. Tausende von Besuchern, Lehrgangs- und Parteiabsolventen, Exilanten und Komintern-Funktionären aus vielen Ländern machen Moskau zur internationalen Stadt und bevölkern die Hotels und neuen Wohnsiedlungen der Stadt. Spürbare Engpässe und Schwachstellen in Infrastruktur und Versorgung rechtfertigen sie als „Anfangsschwierigkeiten" dieser antikapitalistischen Kapitale, der „Heimat aller Werktätigen". Die internationale rote Avantgarde trifft sich nicht in Caféhäusern, sondern auf Versammlungen und diskutiert in Arbeitsgruppen und halb privaten Zirkeln – was den meisten Bleibenden in der Dreißigerjahren zum Verhängnis wird.

Der Pferdefuß ist von Beginn an, dass die Großstadt Moskau auf Getreide- und Lebensmittellieferungen von den Bauern angewiesen ist. Bereits im Bürgerkrieg greifen die Bolschewiki zu Zwangsmaßnahmen wie Requirierung und Terror gegen „Kulaken", die angeblich Vieh und Getreide zurückhalten.

Sensibilisiert durch den Aufstand der revolutionären Kronstädter Matrosen 1921 setzt Lenin 1923 die „Neue Ökonomische Politik" mit kleinen Freiheiten für privatwirtschaftlichen Anbau, Handel und Preisgestaltung durch die Bauern durch, was die ökonomische Lage des Landes erheblich verbessert. Die sechs folgenden „Goldenen Jahre" sind auch die Zeit sozialer, künstlerischer und städtebaulicher Experimente, bis sich 1929 Stalin endgültig als Alleinherrscher durchsetzt, die Sowjetunion zwangskollektiviert und Moskau die brachial-einheitliche Monumentalarchitektur im „Zuckerbäckerstil" mit den gigantischen Metro-Stationen verpasst.

ARBEITERKLUBS
SOZIALE KRAFTWERKE DES PROLETARIATS

„Der Student, das Aas, hatte uns statt seines Vaters das Bild ihres Atamans, eines Deutschen, zugesteckt. Ich hatte es in gutem Glauben genommen und als Andenken über mein Bett gehängt. Ein achtbarer Mann, grauer Bart, wohl aus dem Kaufmannsstand. Der Leutnant das sehen und aufbrausen: ‚Wo hast du das Bild her, du Schweinehund?' – ‚Soundso', sage ich. Da schlägt er mich in die Fresse … und noch eins und noch eins … ‚Weißt du denn nicht', brüllt er, ‚dass das ihr Ataman ist, der Karle…, ich hab den Namen vergessen … Teufel, wie hieß er gleich …? […] So hieß er, Karle Marx …,' rief Christonja erfreut."

Der Schriftsteller und spätere Nobelpreisträger Michail Scholochow liest 1929 in einem Arbeiterklub aus seinem Hauptwerk *Der stille Don*. Die Zuhörer schmunzeln über die Geschichte eines naiven Kosaken und dessen Begegnung mit linken Studenten im Sankt Petersburg der Zarenzeit. Hätten sie damals Karl Marx erkannt?

Politische Bildung und Kulturvermittlung sind zentrale Anliegen der Arbeiterklubs, die – von Gewerkschaften finanziert – jeweils einer Fabrik zugeordnet sind. Zunächst werden bestehende Gebäude umgewandelt, dann wird massiv in Neubauten investiert. „Der Arbeiter-Klub muss für den Arbeiter und seine Angehörigen eine Zentrale ihres ganzen kulturellen Lebens schaffen, indem er als Ort der Erholung, der vernünftigen Vergnügung und der Erhaltung von Kenntnissen dient", wird 1918 programmatisch formuliert. Im „Klub als soziales Kraftwerk", so der Künstler und Architekt El Lissitzky, sollen die Arbeiter außerhalb ihrer Wohnungen zu kollektiven Menschen geformt werden.

Die hohen Ziele verlangen nach neuen Bauformen. Schon von außen sollen die funktionale Gliederung und die Abmessungen der einzelnen Innenräume plastisch ablesbar sein. Herausragende Beispiele für die avantgardistische Architektur der Zwischenkriegszeit sind der konstruktivistische Sujew-Klub von Ilja Golossow und der expressionistisch-skulpturale Rusakow-Klub von Konstantin Melnikow, die beide ab 1927 in Moskau gebaut werden. Sie umfassen Mehrzwecksäle für Theater, Kino, Musik und Sport sowie Bibliotheken und Unterrichtsräume.

In den Dreißigerjahren setzt Stalin den sozialen und architektonischen Experimenten jedoch ein Ende. Die Klubs werden dem Bildungsministerium unterstellt, die Klubarbeit zentral koordiniert. Politische Säuberungen erfassen die Künstlervereinigungen, 1932 wird ein einheitlicher Architektenverband gegründet. Melnikow muss sich zurückziehen, Golossow übernimmt den nun propagierten neoklassizistisch-stalinistischen Stil.

Unter den Augen Lenins hält Michail Scholochow
eine Lesung im „Club des Roten Helden". 1929

DIE REVOLUTION KOMMT INS KINO
SERGEI EISENSTEINS *PANZERKREUZER POTEMKIN*

Eine „Tragische Komposition" in fünf Akten nennt der Revolutionsfilmer Sergei Eisenstein, der 1918 als Karikaturenzeichner in einem Agitprop-Zug beginnt, seinen Stummfilm *Panzerkreuzer Potemkin* über die gescheiterte Erste Russische Revolution im Januar 1905: Die Matrosen der „Potemkin" weigern sich, faules Fleisch zu essen und meutern. Die zaristischen Offiziere wollen einige Matrosen erschießen lassen, doch die Wachen solidarisieren sich mit den Matrosen, die das Schiff übernehmen. Dabei kommt der Anführer der Matrosen, Wakulintschuk, ums Leben und wird von den Einwohnern Odessas an der Hafentreppe betrauert, die sich mit den Matrosen solidarisieren. In der wohl berühmtesten, vielfach zitierten Szene marschiert die zaristische Armee maschinenartig die Hafentreppe hinunter, feuert in die Menge und löst eine Massenpanik aus, bei der ein verlorener Kinderwagen die Treppe hinunterpoltert. Die Matrosen beschießen vom Schiff aus das Theater als Quartier der Zarenarmee, um den Einwohnern zu helfen, und stellen sich dann der anrückenden Zarenflotte. Doch auch deren Matrosen verbrüdern sich mit den Matrosen der Potemkin und diese kann ungehindert aufs offene Meer fahren.

Der Film, den Eisenstein 1925 im Moskauer Filmstudio Goskino dreht, dem größten Filmstudio der Sowjetunion und Zentrum des russischen Filmschaffens, dient inhaltlich der Sowjetpropaganda durch klare Zweiteilung in böse Offiziere und Zarentruppen gegen gute Matrosen und Einwohner Odessas. Auch wird gezeigt, dass der spontane Aufstand letztlich scheitern muss, da er nicht von einer organisierten Partei geführt wird.

Revolutionär ist das von Eisenstein entwickelte Konzept der „Attraktions-Montage", das auf emotionale Szenen mit in Bewegung geratenen Menschenmassen ohne individuelle Charaktere setzt, die den Zuschauer alle traditionellen ästhetischen Kriterien vergessen lassen und ihn zur Parteinahme geradezu zwingen. Schnitte und Assoziationsketten sollen den Zuschauer in emotionale Spannungslagen und Affekte versetzen; so schneidet Eisenstein im gleichen Jahr 1925 in seinem Film *Streik* Bilder aus einem Schlachthof gegen Szenen, in denen Arbeiter von Kapitalisten ermordet werden. Das Unterbrechen jeder durchgehenden Filmhandlung durch radikale Schnitte und Montagen lässt bereits in den 20ern den Filmkritiker Siegfried Krakauer zu dem Schluss gelangen, Eisensteins Filme wirkten eher wie eine Chronik oder Wochenschau. 1928 setzt Eisenstein mit seinem Film *Oktober. Zehn Tage, die die Welt erschütterten* der Sicht der Bolschewiki auf die Revolution wiederum mit Massenszenen ein Denkmal.

MOSKAU 103

In der berühmtesten Szene aus *Panzerkreuzer Potemkin* poltert ein verlassener Kinderwagen durch die Reihen der Sterbenden die Treppe zum Hafen hinab. 1925

AGITPROP
DIE PLAKATIVE REVOLUTION

Bereits 1918 fordert Lenin eine „monumentale Agitation" zur Aufklärung der Massen. Die Revolutionäre Nachrichtenagentur (ROSTA) der Bolschewiki verpflichtet einen Stab begabter Maler, Zeichner, Schriftsteller und Journalisten für die Fertigung von Plakaten in kräftigen Farben mit Szenen und eingängigen Botschaften, die unter dem Namen „ROSTA-Fenster" bekannt und als „Agitprop" (Agitation und Propaganda) bezeichnet werden. Plakate werden angeklebt, aber auch Häuserwände, Standplakate, Eisenbahnen und Fahrzeuge entsprechend gestaltet oder beklebt, um die Botschaft zu den Massen und besonders auch in ländliche Gegenden zu bringen. Die künstlerisch oft hochwertigen Poster und Schablonenaufdrucke beeinflussen die spätere Street-Art weltweit. Allerdings setzt die Partei bald auf dezentere Farben und auf Schwarz-Weiß, auf klare Formen, einfache Bildaufteilung und heroische Darstellungen: Die Botschaft soll im Vordergrund stehen, nicht eine künstlerische Umsetzung, die dem Individualismus Vorschub leistet.

Begleitet wird die Plakatarbeit mit agitatorischen Volksfesten, Volkstheatern, Jahrmärkten und aufgestellten Architekturkulissen, die die kommenden Freuden einer sozialistischen Gesellschaft zeigen sollen. Propagiert wird der aufgeklärte „neue Sowjetmensch" mit sozialistischem Klassen- und später sowjetischem Nationalbewusstsein, der Knechtschaft und Ausbeutung hinter sich gelassen hat und sich und seine Arbeitskraft freiwillig und freudig ins Kollektiv einbringt.

Die Begeisterung der Agitprop-Aktivisten aus Moskau und Leningrad stößt auf dem Lande meist auf krasse Armut, Unwissenheit, Traditionalismus und Verwüstungen durch den Bürgerkrieg. Aber die revolutionäre Kunst profitiert von den gesellschaftlichen und kulturellen Lockerungen der „Neuen Ökonomischen Politik" zwischen 1923 und 1929 und experimentiert eifrig.

Literarischer Hauptakteur des Agitprop, der auch die „ROSTA-Fenster" mitgestaltet, ist Wladimir Majakowski, der bereits als Schüler revolutionäre Lyrik schreibt und seine Gedichte, Poeme und Dramen nun ganz in den Dienst der Bolschewiki stellt. Er kreiert einen eigenen revolutionären Sprachstil, den „kommunistischen Futurismus". Unbändig ist seine Revolutions-Begeisterung, mit der er die Jugend der Welt aufrütteln will. Bereits 1915 schreibt er selbstbewusst:

„In meiner Seele fand sich von
grauen Haaren kein Schimmer,
keine Greisenzärtlichkeit fand sich!
Da schrei' ich: Es donnert die
kraftvolle Stimme.
Und ich bin schön
und bin zweiundzwanzig."

Ende der 20er lähmen ihn der kulturelle Klammergriff Stalins und die Zensur. Er revanchiert sich 1929 mit *Die Wanze,* einer Satire auf die Sowjetbürokratie, und erschießt sich 1930.

Ein ROSTA-Plakat des Grafikers Wladimir Lebedew, das den Arbeiter mit bereitstehendem Gewehr zeigt – stets entschlossen zum revolutionären Kampf. 1920–22

Waldorf-Astoria

NEW YORK

DIE ERSTE MEGACITY

In den „Roaring Twenties", den wilden und lauten Zwanzigerjahren, ist New York das wirtschaftliche, kulturelle und künstlerische Zentrum Nordamerikas und bis 1929 Symbol eines unbegrenzten Wachstums. 1925 überholt New York London und wird die am stärksten urbanisierte Region der Welt, um Anfang der Dreißigerjahre die Zehn-Millionen-Marke in der Metropolregion zu übersteigen und zur ersten Megacity der Welt zu werden. Allein die Zahl der direkten städtischen Einwohner verdoppelt sich zwischen Juni 1900 und April 1930 von 3,43 Millionen auf 6,93 Millionen Menschen.

New York und seine Stadtteile werden in den 20ern zum magischen Ziel der „Great Migration" der schwarzen und weißen Mittelschichten aus dem Süden des Landes und aus den ländlichen Regionen. Lebten um 1900 noch 90 % der schwarzen US-Amerikaner im ländlichen Raum der Südstaaten, werden am Ende der „Great Migration" in den 30ern über die Hälfte aller Schwarzen in den Städten des Nordens und Westens leben, vor allem in New York. Harlem, ab 1916 Heimat der zahlenmäßig größten schwarzen Gemeinde der USA, wird zu einem stark afroamerikanisch geprägten Stadtteil mit eigenen Kulturformen und neuem Selbstbewusstsein, das sich während der 20er in der „Harlem Renaissance" (vgl. Seite 118) stolz nach außen präsentiert. Zugleich steigt die Zahl der Immigranten aus Europa und anderen Weltregionen noch einmal sprunghaft an, sodass New York zur wohl vielsprachigsten und multiethnischsten Metropole der Welt wird. Die einzelnen Ethnien und Communitys sind im Stadtbild stark präsent und dominieren einzelne Stadtbezirke wie in „Little Italy" oder „Chinatown" in Manhattan. Die Stadt prägt eine ganz eigene und unentwirrbare Mischung aus Aufschwung und Eventkultur, Kommerz und Kunstförderung, rabiaten Aufsteigerkarrieren und Herrschaft der ethnisch organisierten Straßengangs, Prohibition, Jazz und Speak-Easys, Flapper Girls, Theater, Musicals und Klubs, elenden Wohnquartieren, harter Arbeit, Vergnügungssucht und gigantischen Straßenparaden zu verschiedenen Anlässen.

Parallel zum rasanten Wirtschaftswachstum und dem aufregend bunten Leben werden ab Ende der Zwanzigerjahre in der Boomtown Manhattan, der damals größten Baustelle der Welt, die stilprägenden Wolkenkratzer im Baustil eines eleganten Streamliner-Art-déco hochgezogen, die zum Wahrzeichen New Yorks werden. Industrie- und Finanz-Tycoons, Baumagnaten und Architekten wetteifern miteinander um Höhe, Geschwindigkeit und neuartige Gestaltungselemente, Arbeiter balancieren auf Eisengerüsten in schwindelnden Höhen (Abbildung gegenüber). Kaum unterbrochen durch den Börsencrash, werden etwa 1930 das Chrysler Building und das Savoy Plaza Hotel, 1931 das Empire State Building und 500 Fifth Avenue fertiggestellt. Mit ihren extravaganten und geschmeidigen Fassadenelementen aus blinkendem Chrom, ihrer raketenähnlichen Verjüngung nach oben und ihren großen Nadelspitzen wollen sie – wie es William Van Alen, der Architekt des Chrysler Buildings ausdrückt – „den Himmel nicht erobern, sondern durchstechen".

In New York beginnen und enden die 20er mit einem großen Knall. Am 16. September 1920 bringen Anarchisten (aus bis heute unklaren Gründen) einen Pferdewagen mit 100 Pfund Dynamit mittags auf der Wall Street, New Yorks pulsierendem Herz der Finanzwelt, zur Explosion und töten 38 Menschen. Und am „Black Thursday", dem 24. Oktober 1929, kommt es zum Crash der New Yorker Börse und damit zum Beginn der Weltwirtschaftskrise. Der Crash von 1929 zeitigt nicht nur weltweit katastrophale Folgen, sondern auch für die Stadt New York selbst. Schlagartig offenbaren sich die völlige Überschuldung der Stadt und die schlampige und korrupte Amtsführung der Stadtverwaltung unter dem vergnügungssüchtigen und arbeitsscheuen Bürgermeister Jimmy Walker ebenso wie die jahrelangen Mauscheleien mit Mafiosi, Schiebern und Spekulanten im großen Stil. Die für New York charakteristische Verschmelzung bis zur Ununterscheidbarkeit von Politik, Showbusiness, halbseidenen Finanzabsprachen und aufregendem Nachtleben mit endlosen Festivitäten, die der seit 1926 amtierende „Night Mayor" Walker repräsentiert, trägt sicherlich zum einzigartigen Flair der Stadt in den Aufschwung-Jahren der 20er bei, höhlt die Stadtverwaltung jedoch aus und macht die Metropole zutiefst verwundbar gegenüber der großen Krise. Die städtische Arbeitslosenquote steigt sofort auf über 25 %, Menschen verlieren Häuser und Wohnungen, verkaufen ihr Hab und Gut, lungern auf der Straße und betteln unter Aufgabe ihrer Würde um jede Art von Arbeit. Anfang 1932 droht New York, inzwischen vor allem in den Quartieren der unteren Mittel- und der Unterschicht in einer sozialen Abwärtsspirale, als Quittung der städtische Bankrott; Walker landet vor Gericht.

Erst ab 1934 ändern sich die Verhältnisse grundlegend, als Fiorello LaGuardia zum Bürgermeister gewählt wird und die über 80-jährige Herrschaft der New Yorker Seilschaften bricht. Mit der Ernennung von Thomas Dewey zum Staatsanwalt sagt er auch den fast schon zum Establishment gehörenden New Yorker Gangsterfamilien den Kampf an.

AMERIKA WIRD TROCKENGELEGT
DIE PROHIBITIONS-ÄRA

Die Prohibition kommt nicht über Nacht. Bis 1917 haben bereits 23 US-Bundesstaaten, davon 17 per Volksabstimmung, unter dem Einfluss von Abstinenzlern, evangelikalen Christen und der frühen Frauenbewegung, die parallel 1920 das Frauenwahlrecht durchsetzt, ein Alkoholverbot ausgesprochen. Als der Druck zu groß wird, ratifiziert Präsident Woodrow Wilson, obwohl Gegner der Prohibition, im Januar 1919 den „Volstead Act" als 18. Verfassungszusatz, der ein Jahr darauf in Kraft tritt. Die USA sind per Gesetz trocken, „berauschende Getränke" illegal.

Die gut gemeinten Absichten lassen sich nicht durchsetzen. Auf dem Land ist die Privatbrennerei sowieso nicht zu kontrollieren und in den Großstädten giert, angestachelt durch den Reiz des Verbotenen, vor allem das Szene-, Bar- und Nachtklub-Publikum nach Alkohol. Tausende von „Speak-Easys", Flüsterkneipen mit Erkennungszeichen und Einlasskontrolle, entstehen quasi über Nacht in Kneipen-Hinterzimmern, Kaschemmen und Kellerlöchern, wo man auch dem Glücksspiel frönt. Das organisierte Verbrechen sieht seine Chance, und auch hier ist New York führend. Mit Booten und Lastwagen kommen Spirituosen über Kuba und Kanada ins Land und machen die Mobster reich. Viele der späteren großen Mafia-Bosse beginnen in diesen Jahren als Alkoholschmuggler oder Überfallkommandos auf die Lastwagen konkurrierender Gangs.

Polizei, Stadtverwaltungen und Bundesbehörden, so sie nicht geschmiert sind oder mitverdienen, reagieren mit öffentlichkeitswirksamen, stichprobenartigen Razzien unter den Augen der Presse, die Fotos von Prohibitionsagenten liefert, die Alkoholfässer zerschlagen und den Inhalt in die Kanalisation kippen.

Zwar sinkt während der Prohibition der Anteil der Alkoholiker und der Leberzirrhose-Toten, doch steigt im gleichen Zeitraum die Anzahl auch schwerer Straftaten ebenso massiv an wie die der Opfer des „Moonshining" – der Toten und Geschädigten durch gepanschten Alkohol aus Kleinstbrauereien. In New York sterben in dieser Zeit rund 10.000 Personen an Alkoholvergiftung. Die „Pipelines" genannten Schmuggel- und Vertriebsnetze werden zur Machtgrundlage der heute noch bestehenden New Yorker Mafia-Familien, die Lucky Luciano und Meyer Lansky 1931 nach Ausschaltung der alten Bosse installieren. In New York kontrollieren Ende der Zwanzigerjahre die italienische Cosa Nostra 25 % und die jüdische „Kosher Nostra" 70 % des Schwarzmarkts.

Zu Beginn der 30er setzt sich die Erkenntnis eines Fehlschlags der Prohibition durch, und so wird sie im Dezember 1933 mit der Ratifizierung durch den Bundesstaat Utah offiziell beendet.

Der als Mauerwerk getarnte Eingang zu einem illegalen „Speak-Easy" in einem Weinkeller

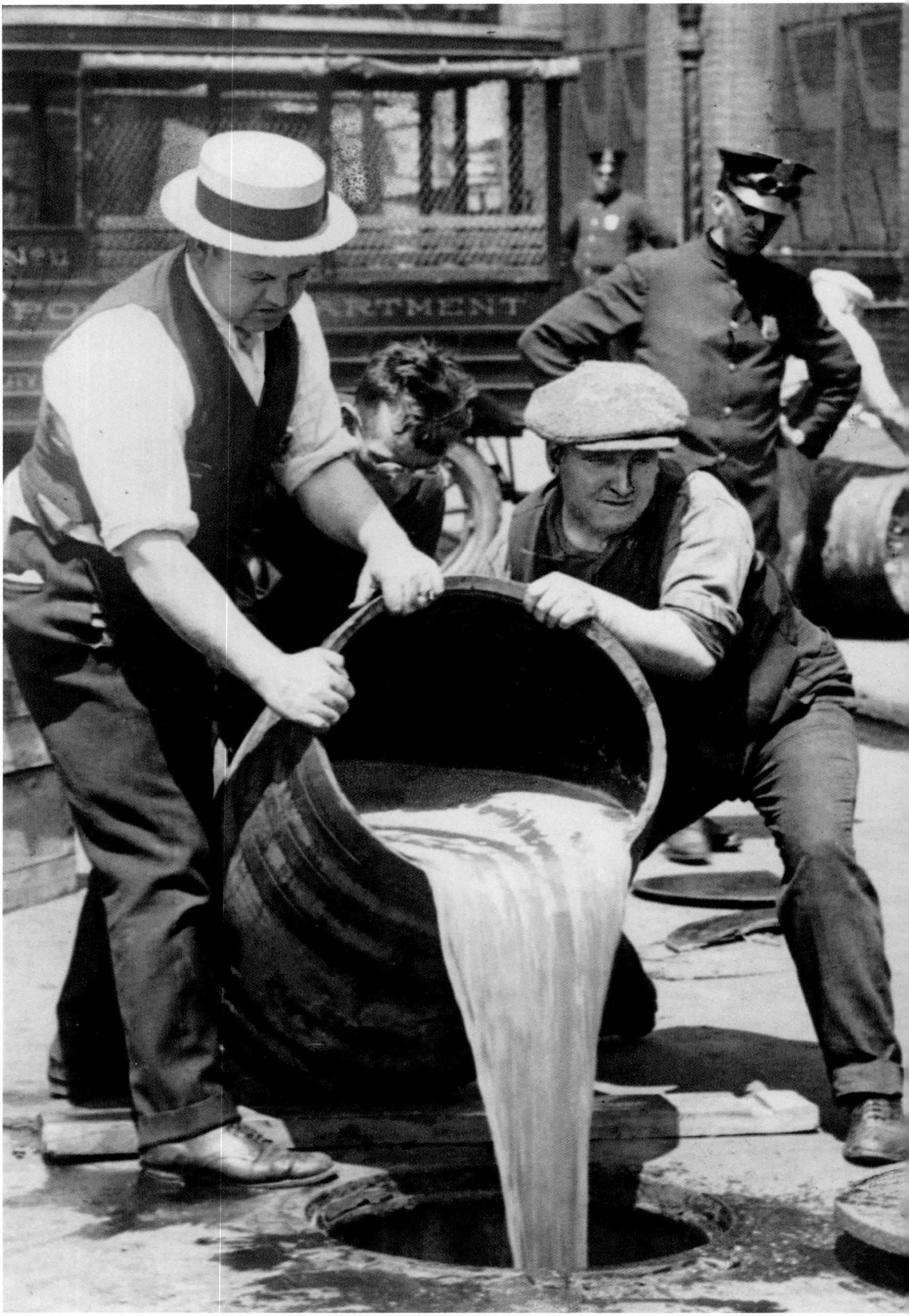
ARTMENT

Bei einer Razzia gießen Kontrolleure unter Polizeiaufsicht Bier in die Kanalisation. New York, 1926

DIE EVENT-MEILE
DER BROADWAY

Der Aufstieg des Broadway in Midtown Manhattan zu New Yorks aufregender Theatermeile verdankt sich dem Impresario Charles Frohman, der an der Wende zum 20. Jahrhundert 200 Theater in den USA besitzt, die ersten großen Häuser am Broadway errichtet und die Grundlagen des Theatermanagements aufbaut. Die Zwanzigerjahre erleben die rasche Neueröffnung weiterer Häuser, in denen zumeist Komödien, Musicals, Revuen und Tanzshows das Publikum erfreuen und die mit elektrischen Leuchtreklamen an den Gebäuden eine grelle Werbung betreiben. Die Komödie *Lightnin'* ist die erste Broadway-Produktion, die 700 Aufführungen erlebt, und 1925 knackt die Liebeskomödie *Abie's Irish Rose* die magische 1000er-Grenze der Aufführungen.

Die Shows kämpfen gegen die harte Konkurrenz des jungen Kinos an. Der deutsch-belgisch-stämmige Broadway-Impresario Florenz „Flo" Ziegfeld lässt sich frühzeitig von den Pariser Folies Bergères inspirieren und gründet bereits 1907 die Ziegfeld Follies mit Tanzshows und Revuen, die sich bewusst an das Flair von Paris anlehnen, insgesamt aber „züchtiger" bleiben. 1927 eröffnet er sein neues Ziegfeld-Theater mit dem Musical *Rio Rita* und erreicht mit seinem im selben Jahr komponierten Musical *Show Boat* 572 Aufführungen. Ziegfeld, der auch ins Filmgeschäft einsteigt und mit künstlerisch hochwertigen Plakaten wirbt, wird zum Inbegriff der quirligen und einfallsreichen Broadway-Unterhaltung. Sein Musical-Song *Ol' Man River* wird zu einem der beliebtesten US-Hits.

Zu den Komponisten der zahlreichen Musicals auf dem Broadway gehören auch George Gershwin, der 1924 seine berühmte *Rhapsody in Blue* komponiert und im selben Jahr die Musik zum erfolgreichen Musical *Lady, Be Good!*, und Cole Porter, der 1928 mit dem Musical *Paris* seinen ersten Broadway-Hit landet und unzählige Schlager komponiert. Auch die künftigen führenden Dramatiker der USA wie Eugene O'Neill, Tennessee Williams und Arthur Miller feiern ihre ersten Erfolge in den Theatern am Broadway.

Die Große Depression in der Folge des Börsencrashs von 1929, bei der auch Florenz Ziegfeld sein Geld verliert, bedeutet für die Broadway- Produktionen einen deutlichen Einbruch. Erst in den Vierzigerjahren kann die Theater- und Showmeile wieder an den Glanz der 20er anknüpfen.

Kandidatinnen für das Varietétheater von Earl Carroll werden vom berühmten Produzenten selbst vermessen. Um 1926

folgende Doppelseite: Chorsängerinnen in verschiedenen Kostümen aus dem Musical *The Broadway Melody* von Harry Beaumont, November 1928

NEW YORK 115

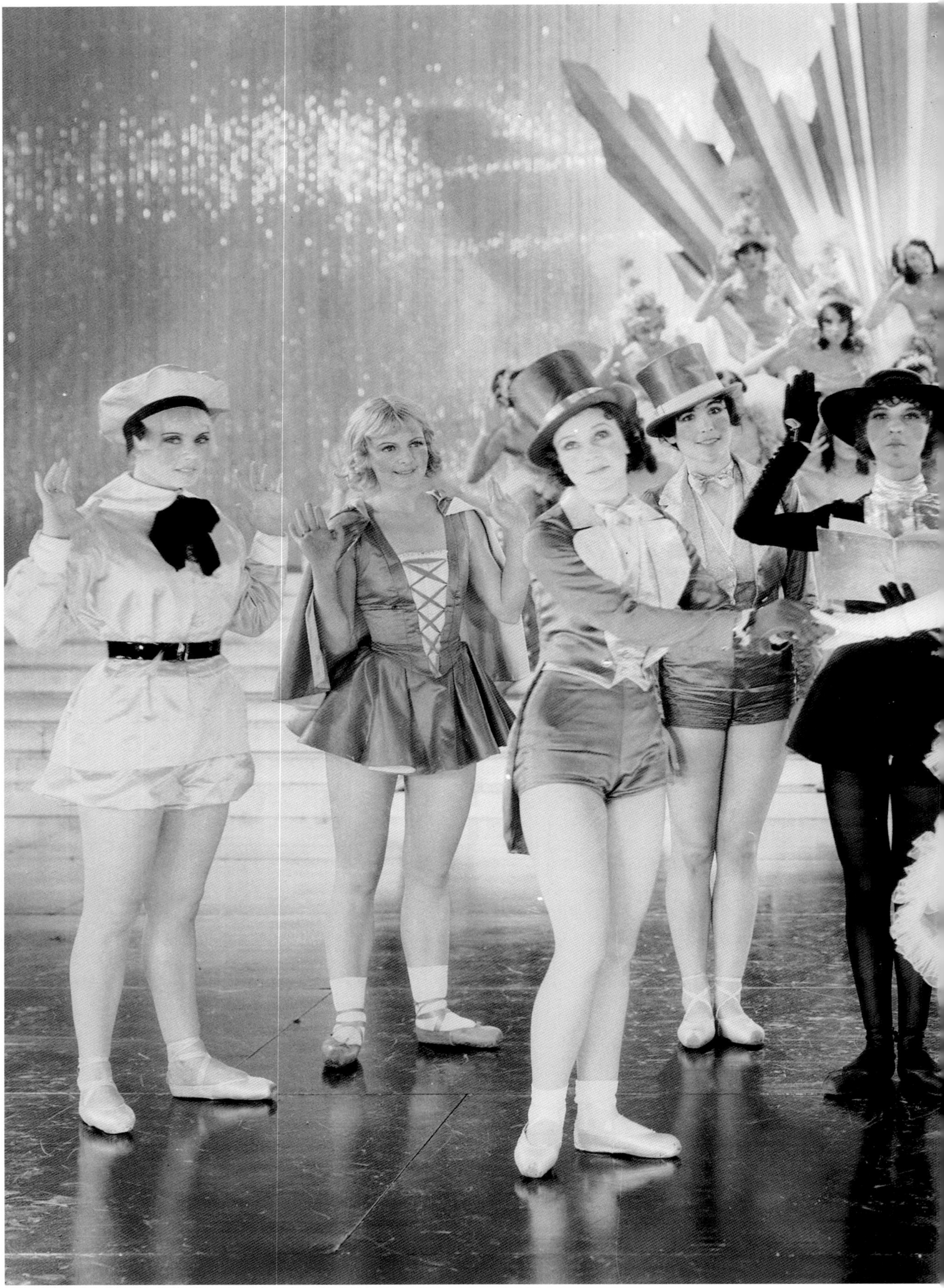

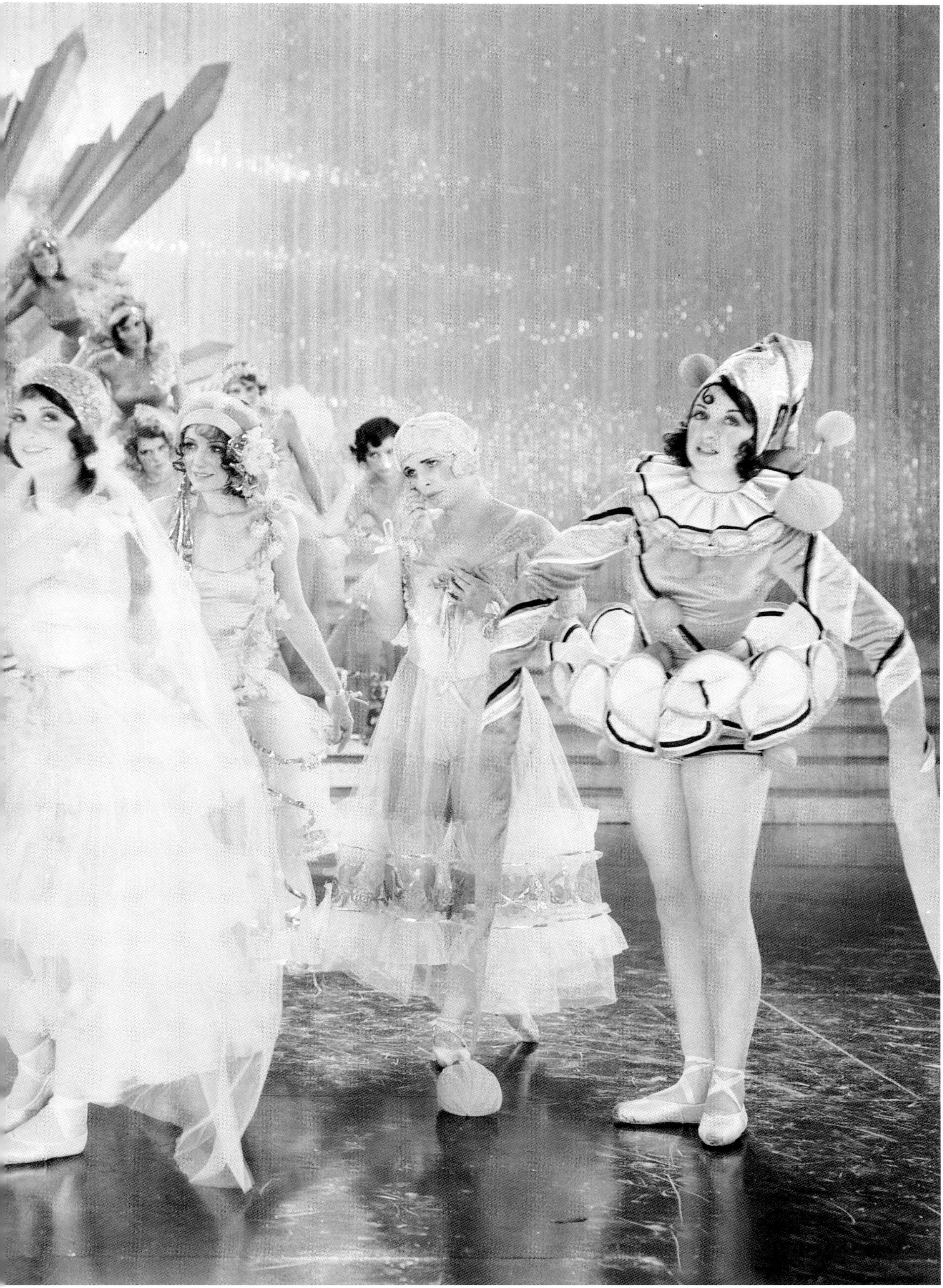

THE NEW NEGRO
DIE HARLEM-RENAISSANCE

In den Zwanzigerjahren verschafft sich die Stimme des Schwarzen Amerika in einem neu formulierten Selbstbewusstsein Gehör. Die Bewegung wird als Harlem-Renaissance bezeichnet, da der New Yorker Stadtteil Harlem durch den von Afroamerikanern übernommenen dortigen Immobilienmarkt zum Ziel der „Great Migration" einer schwarzen Mittelschicht aus dem Süden in den Norden wird. Die Künstler und Autoren der eher locker verbundenen Bewegung drücken ihr Lebensgefühl oft in illusionslosen Gedichten und Reportagen aus, die vom Leben in den „typischen Berufen" der Afroamerikaner damals wie Hilfskellner, Lagerarbeiter oder Kleinhändler, aber auch von ihrem Willen zur Selbstbehauptung in der Gesellschaft und zum Besuch guter Universitäten wie vom Stolz auf ihre kulturellen Wurzeln erzählen.

1925 bündelt der afroamerikanische Philosoph Alain LeRoy Locke als „Vater der Harlem-Renaissance" ihre Stimmen in der Anthologie *The New Negro*, die die eigenständigen Ausdrucksformen wie Jazz und Gospel und eigene künstlerische Traditionen betont. Die New Yorker Mäzenatin Charlotte „Godmother" Mason unterstützt die Projekte finanziell und vermittelt die schwarzen Künstler an Universitäten, Verleger und Förderer, übt allerdings auch eine Kontrolle über ihre Werke aus, was nicht alle Künstler akzeptieren.

Von ihr gefördert wird der schwarze Dichter und Kolumnist Langston Hughes, dessen „Jazz Poetry" vom Blues und der Avantgarde beeinflusst ist und dessen 1926 verfasstes Poem *I, too, sing America* später zur Hymne der Bürgerrechtsbewegung wird.

Gefördert wird auch die Essayistin Zora Neale Hurston, die seit den 20ern wichtige Zeugnisse der schwarzen Folklore – Geschichten, Mythen, Lieder, Gebete und Tänze – auf dem amerikanischen Kontinent und in der Karibik sammelt.

Im November 1926 veröffentlicht die Harlemer Künstlerkolonie Nigerati Manor die einzige Ausgabe des Literaturmagazins *Fire!!*, das als vierteljährlich erscheinendes Literaturjournal der „younger Negro artists" geplant war, und das weiße wie das etablierte schwarze Amerika gleichermaßen mit neuartiger afroamerikanischer Literatur „ohne Furcht und Scham" schockieren sollte und an dem sich auch Hughes und Hurston beteiligen. Neben ihnen machen sich zahlreiche andere, heute bekannte Künstler und Autoren zu Sprechern der damals „ungehörten Stimme" des schwarzen Amerika.

Eine Parade schwarzer Aktivisten durch
Harlem unter dem selbstbewussten Motto:
„The New Negro Has No Fear".
New York, 1920

Ein steiniger Weg

Das Frauenwahlrecht

Im 19. Jahrhundert kämpfen Amerikanerinnen mit zwei Argumenten für ihr Wahlrecht: Sie leben in einer Demokratie, die auf der Idee von gleichen Rechten beruht, und sie haben als Pionierinnen bei der Erschließung neuer Gebiete „ihren Mann gestanden" – doch herrscht gerade in den traditionellen Regionen noch immer das biblisch begründete Patriarchat. Der Beginn der US-Frauenrechtsbewegung deckt sich mit moralischen Kampagnen wie dem Kampf gegen Sklaverei und Alkohol.

Der entscheidende Schritt in Richtung Frauenwahlrecht ist der Kriegseintritt der USA 1917. Frauen müssen nun die eingezogenen Männer „ersetzen", arbeiten in Fabriken, leiten Farmen und ernähren die Familie. So ist es kein Zufall, dass die Aktivistinnen im bevölkerungsreichsten Bundesstaat New York ein Referendum zum Frauenwahlrecht gewinnen und die Pazifistin Jeannette Rankin als erste Frau in den US-Kongress gewählt wird.

Nach Kriegsende greifen Großstädterinnen das Bild der neuen Frau auf, die sich von steifen Konventionen befreit und nach Bildung und politischer Mitwirkung strebt. Allerdings hält die moderne Amerikanerin auch an traditionellen Familienwerten fest. Es geht ihr um gleichberechtigte Mitarbeit und Mitbestimmung in einer fortschrittlichen Gesellschaft, als die auch Aktivistinnen die amerikanische prinzipiell begreifen. So verkörpern in den USA vor allem Angehörige der Mittel- und Oberschicht das Bild der modernen Frau.

Als schließlich Präsident Wilson erklärt, dass Frauen als „Partnerinnen in Krieg und Leiden" nun auch „Partnerinnen in Recht und Gesetz" werden müssen, wird das Frauenwahlrecht am 18. August 1920 nach mehreren Abstimmungen als 19. Zusatzartikel der US-Verfassung hinzugefügt. 1922 zieht Rebecca Ann Latimer Felton als erste Frau in den US-Senat ein.

Wie überall gewinnen auch die New Yorkerinnen durch Wahlrecht und Mitbestimmung in den 20ern neues Selbstbewusstsein, das sich vor allem im Eintritt ins Berufsleben zeigt, womit auch größere finanzielle Unabhängigkeit einhergeht. Die Zahl erwerbstätiger Frauen steigt in New York um das Dreifache gegenüber der Vorkriegszeit, die meisten arbeiten als Sekretärin, Stenotypistin, Telefonistin, Verkäuferin oder als Arbeiterin in einem Textilbetrieb. Neue Magazine für die moderne und urbane Frau geben nicht nur Modetipps, sondern definieren die gesellschaftliche Rolle der Frau neu, besprechen neueste Frauenliteratur und erschließen neue Interessengebiete wie Sport, Schwimmen, selbstständige Freizeitgestaltung, Autofahren und Reisen. Mitte der 20er fordern New Yorker Frauenrechtlerinnen die vollständige rechtliche und finanzielle Gleichstellung der Frauen und wehren eine amerikaweite Diskussion von Ärzten und Eugenikern ab, ob Frauen in Lohnarbeit kränkliche Kinder zur Welt bringen und Geld verdienende Frauen nicht die Scheidungsrate erhöhen. Die New Yorkerinnen meistern auch dies.

Frauen im Job: Telefonistinnen in einer
New Yorker Telefonzentrale. 1925

JUNGE FRAUEN AUSSER RAND UND BAND

FLAPPER GIRLS

Die Großstädte Amerikas, und allen voran New York, werden in den 20ern zum Anziehungspunkt für junge Mädchen, die die moderne, selbstbestimmte Frau verkörpern wollen und ebenso hedonistisch wie provokativ auftreten. Sie werden „flapper girls" oder „flappers" genannt, nach einem in Großbritannien entstandenen Begriff für junge, vor dem Nestverlassen herumflatternde Vögel im Sinne von flügge werden. In New York ist bald die blendend aussehende Louise Brooks in aller Munde (und auf jeder Party), die zunächst bei den Ziegfeld Follies auftritt und dann beim Film Karriere macht. Sie ist der Prototyp des Flapper Girls: Sie orientiert sich am Modeideal Coco Chanels (vgl. Seite 160), trägt ohne Korsett leichte, fließende und eng am Körper anliegende, bis knapp unters Knie reichende Seidenkleider mit unbedeckten Armen für größtmögliche Bewegungsfreiheit, auffälligen Schmuck, vor allem lange Ketten und Armbänder, und weiche Glockenhüte mit heruntergebogenem Rand, die „Cloche" genannt werden.

Ihr Beispiel findet schnell Nachahmerinnen. Diese jungen, modernen Frauen tragen einen kurz geschnittenen, oft schwarz gefärbten Bob à la Asta Nielsen, später den noch kürzeren Eton- oder Shingle-Haarschnitt, der an den Ohren zu Locken gekräuselt wird. Anstoß erregen ihr grelles Make-up mit Rouge und weiß gepudertem Gesicht, knallroten Lippen und schwarz gerahmten Augen – für das Establishment ein Erkennungszeichen von Schauspielerinnen und Prostituierten.

Flapper Girls tanzen gerne und wild, am liebsten Charleston und Shimmy, pfeifen auf die Prohibition, trinken auch öffentlich Alkohol und rauchen mit langer Spitze und hören Jazz in Bars und Speak-Easys. Ihr Auftreten ist bewusst sexualisiert und anzüglich, doch ihre tatsächliche sexuelle Freizügigkeit oder gar Promiskuität, die das bürgerliche Establishment unterstellt, ist umstritten.

Der Lebensstil der Flappers wird von den Star-Autoren der Zeit bewusst propagiert; F. Scott Fitzgerald beschreibt ihr Idealbild als „lovely, expensive, and about nineteen"; John Held Jr., der Cartoonist des Jazz Age, bezeichnet das Geräusch ihrer Schritte als „flapping". Flapper Girls treten gegen überkommene bürgerliche Sittsamkeit und traditionelle Frauenrollen auf, verstehen sich aber nicht politisch. Ihre Freizügigkeit und ihr Hedonismus finden in der Great Depression nach dem Börsencrash von 1929 ihr unspektakuläres Ende.

Der Stummfilmstar Louise Brooks, eine typische Vertreterin der „Flapper Girls". Um 1926

---

folgende Doppelseite: Die Tänzerinnen Mildred Hillert und Hazel Bowman auf einer Fahrradtour; sie posieren für den Choreografen Ned Rayburn von den Ziegfeld Follies. 1925

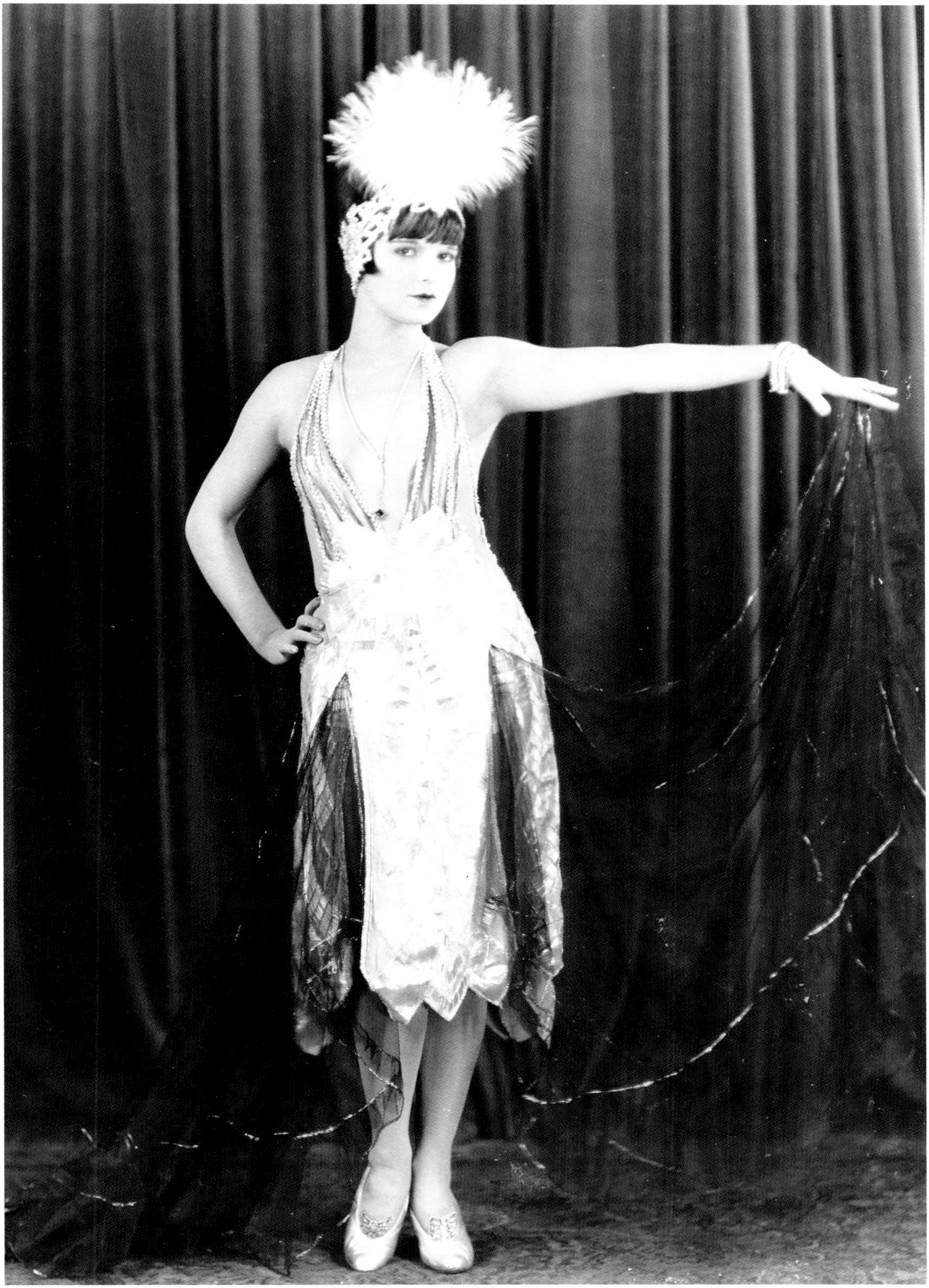

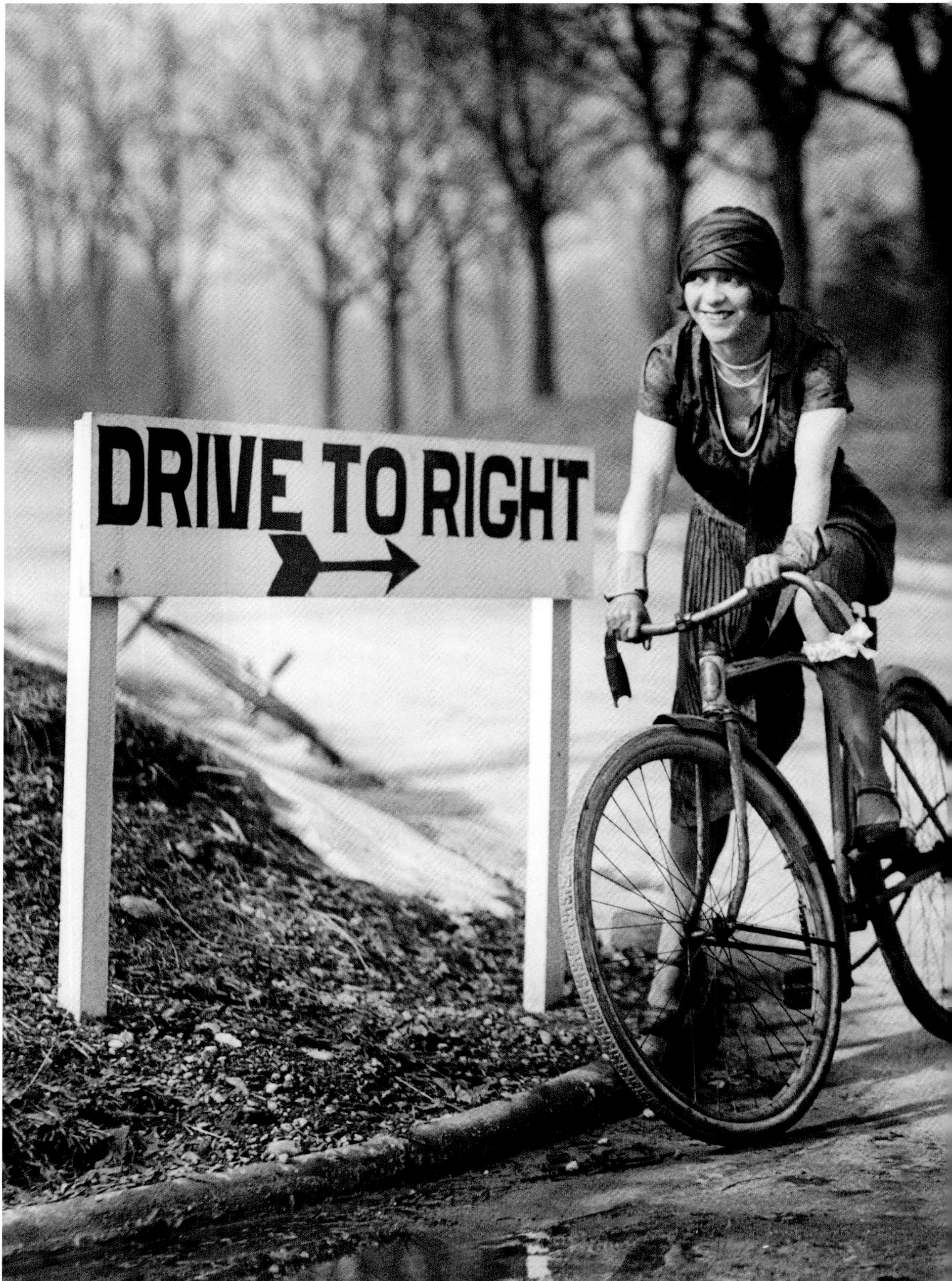
DRIVE TO RIGHT

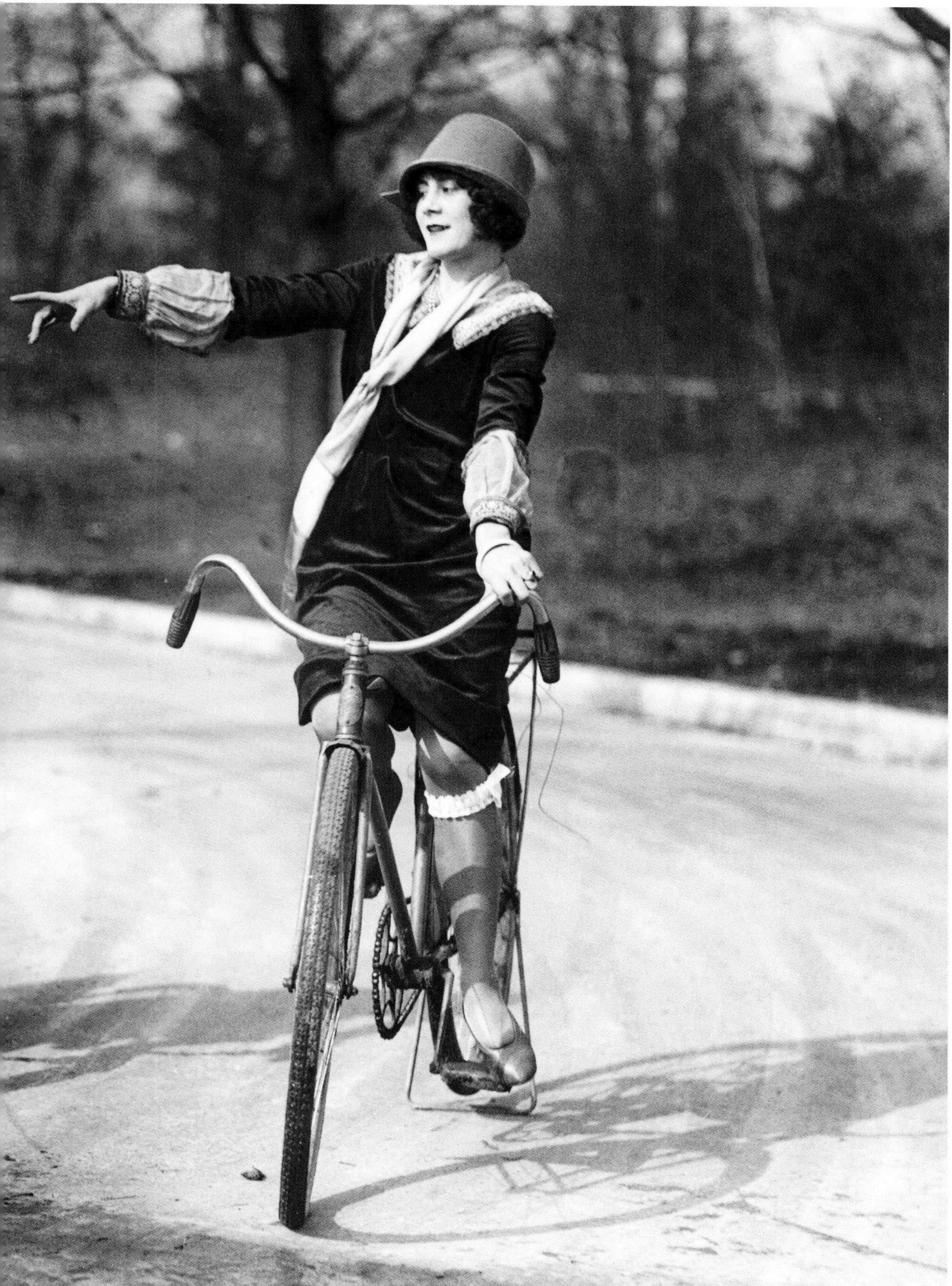

TANZFIEBER
DER CHARLESTON

Mit der neuen Ungezwungenheit zu Beginn der Zwanzigerjahre verbindet sich auch ein neues, expressives und ausgelassenes Körpergefühl, das eine Bewegung des gesamten Körpers umsetzt. Es entstehen die unerhört neuen, wilden Tänze. Als *der* Tanz der 20er gilt der nach der Hafenstadt in South Carolina benannte Charleston, der zunächst Markenzeichen der afroamerikanischen Kultur ist und aus dem schwarzen Körpertanz „Juba" oder „Hambone" hervorgeht, aber in kürzester Zeit auch das weiße Amerika erobert.

1923 wird er erstmals dem Broadway-Publikum als Tanz „The Charleston" im Musical *Wild Runnin'* von Jazzpianist James P. Johnson präsentiert und später vor allem durch Josephine Baker populär. Er ist mit 50 bis 75 Takten pro Minute sehr schnell und wird mit dem ganzen Körper getanzt, wobei in isolierten Bewegungen die Beine X- und O-Formen bilden, auch mit den Händen auf den Knien, oder nach hinten und zur Seite geworfen und Knie und Füße nach außen und innen gedreht werden. Von den Flapper Girls (vgl. Seite 122) wird er im knielangen, luftigen und oft mit Pailletten, Metallfäden oder Glasperlen bestickten Charleston-Kleid getanzt, das meist an den Seiten geschlitzt ist für größere Beinfreiheit.

Die schnelle, aufreizende Charleston-Tanzmusik passt genau zu den Abendveranstaltungen in den „verruchten" Etablissements der Prohibition-Ära. Der Charleston wird solo oder paarweise synchron getanzt, Solo-Könner zeigen bald schon geradezu akrobatische Einlagen; er ist so sehr der Tanz der 20er, dass er als „20s Charleston" von späteren Weiterentwicklungen abgehoben wird. Die etablierte Kulturkritik dagegen verdammt den „Negertanz" als unmoralisch und würdelos und sieht durch seine Verbreitung die bürgerlichen Sitten in Gefahr; selbst Mediziner und Geistliche äußern sich empört.

Der Tanzleidenschaft der 20er tut das keinen Abbruch. Zeitgleich kommen andere moderne Tänze in Mode, die in den Bereich des Swing gehören. So entwickelt sich Ende der 20er der Lindy Hop, der Elemente des Charleston mit Stepptanz und Jazz Dance verbindet, noch stärker akrobatische Figuren einbaut und zum Repertoire der Big Bands gehört. Er wird vor allem in dem für alle Rassen offenen, 1926 eröffneten Savoy Ballroom in Harlem getanzt. Zusammen mit dem ausgelassenen Schütteltanz Shimmy stehen Charleston und Lindy Hop Pate für spätere wilde Tänze wie Jive, Boogie-Woogie und schließlich den Rock'n'Roll.

Ein New Yorker Charleston-Wettbewerb vor begeisterten Zuschauern. 1926

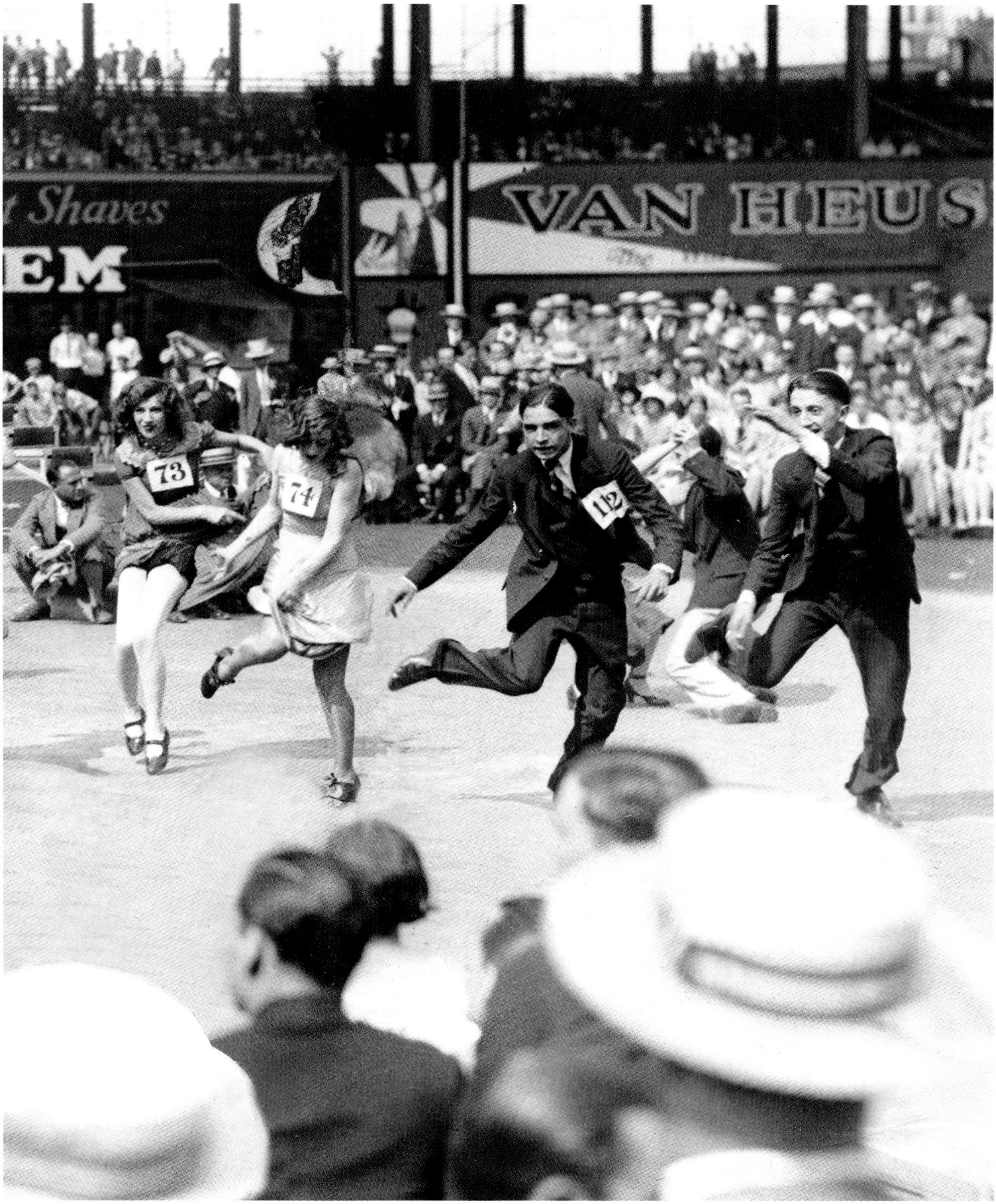
Shaves
EM
VAN HEUS
73
74
112

SCHWARZE ENTERTAINER

DER COTTON CLUB IN HARLEM

Der begehrteste Auftrittsort für afroamerikanische Sänger, Jazzmusiker und Entertainer in den Zwanzigerjahren ist der Cotton Club in Harlem. 1920 vom ersten schwarzen Boxweltmeister Jack Johnson als Club Deluxe eröffnet, übernimmt ihn 1923 der irische Gangster und Boxpromotor Owney „The Killer" Madden und macht ihn unter dem Namen Cotton Club zum angesagtesten Klub von New York, in dem die weiße Mittel- und Oberschicht mit Künstlern, Literaten und den Spitzen der Unterwelt zur gepflegten Unterhaltung in den eigens organisierten „Celebrity Nights" am Sonntagabend zusammenkommt.

Obwohl als Musiker und Tänzer fast ausschließlich schwarze Künstler auftreten, dürfen nur weiße Gäste den Klub betreten, dessen Inneneinrichtung die Stereotypen des Lebens der „Negersklaven" in den Südstaaten spiegelt. Doch viele bedeutende Jazzbands beginnen hier ihre Karriere. 1926 engagiert Madden die Jazzband „The Missourians" als Hausband, die für ihre Zusammenarbeit mit dem Jazz-Sänger und Saxophonisten Cab Calloway berühmt wird, der im Cotton Club seine Karriere beginnt und ab 1930 die Hausband leitet. In den 30ern landet er mit *Minnie the Moocher* seinen größten Hit.

1927 wird der Ausnahme-Pianist und Jazzkomponist Duke Ellington Bandleader des Hauses. Madden verlangt von ihm, dem Klischee gemäß „Dschungelmusik" zu spielen, wofür sich Ellington später mit der Kreierung des exotischen Jungle Style revanchiert. Ende der 20er erreicht Ellington eine Aufweichung der strikten Rassentrennung im Klub. Jedenfalls bekommt Ellington genug Raum für seine bahnbrechenden Experimente mit der Tonalität und seinen schrillen Trompeten und dem Saxophon. Die Darbietungen seiner Band werden im Radio übertragen, und als er 1931 den Klub verlässt, gehört er den zu bekanntesten Jazzinterpreten und afroamerikanischen Künstlern des Landes.

Auch die Bandleader Fletcher Henderson und Count Basie, der begnadete Jazztrompeter Louis Armstrong mit seiner kratzigen Stimme, die Jazzsängerinnen Ethel Waters, Adelaide Hall und Billie Holiday, der Stepptänzer Bill „Bojangles" Robinson und viele andere namhafte Künstler feiern im Cotton Club Triumphe. Durch Maddens Mobster-Kontakte gerät der Klub immer wieder ins Visier der Behörden und wird 1925 erstmals wegen Verstößen gegen die Prohibition geschlossen. Das Aus kommt in Raten: 1936 nach den Harlemer Rassenunruhen und endgültig 1940.

Der Jazz-Musiker Cab Calloway als Dirigent des Cotton Club-Orchesters. 1930

Farbige Tänzerinnen in Small's Paradise Club in Harlem. New York, 1929

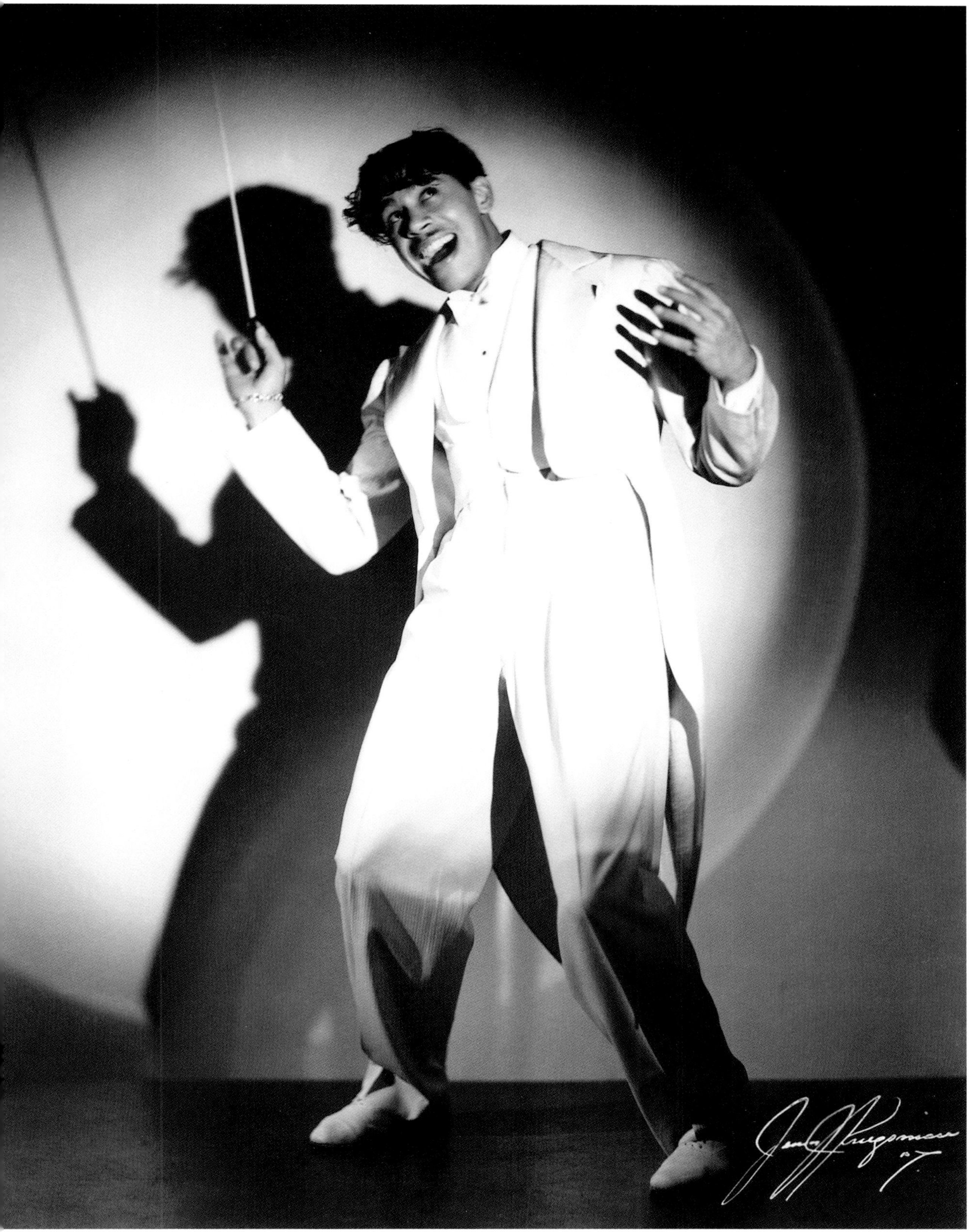

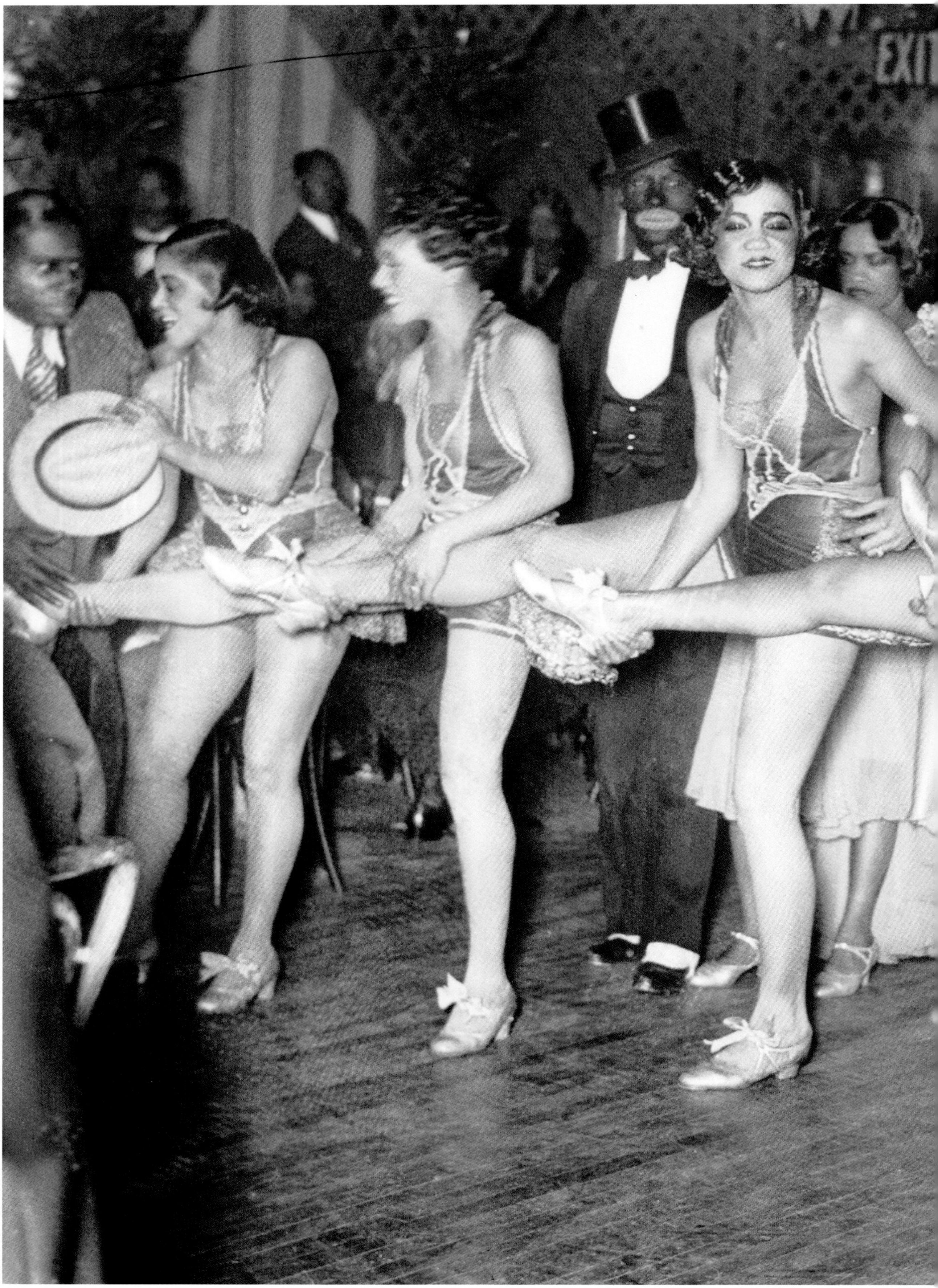
EXIT

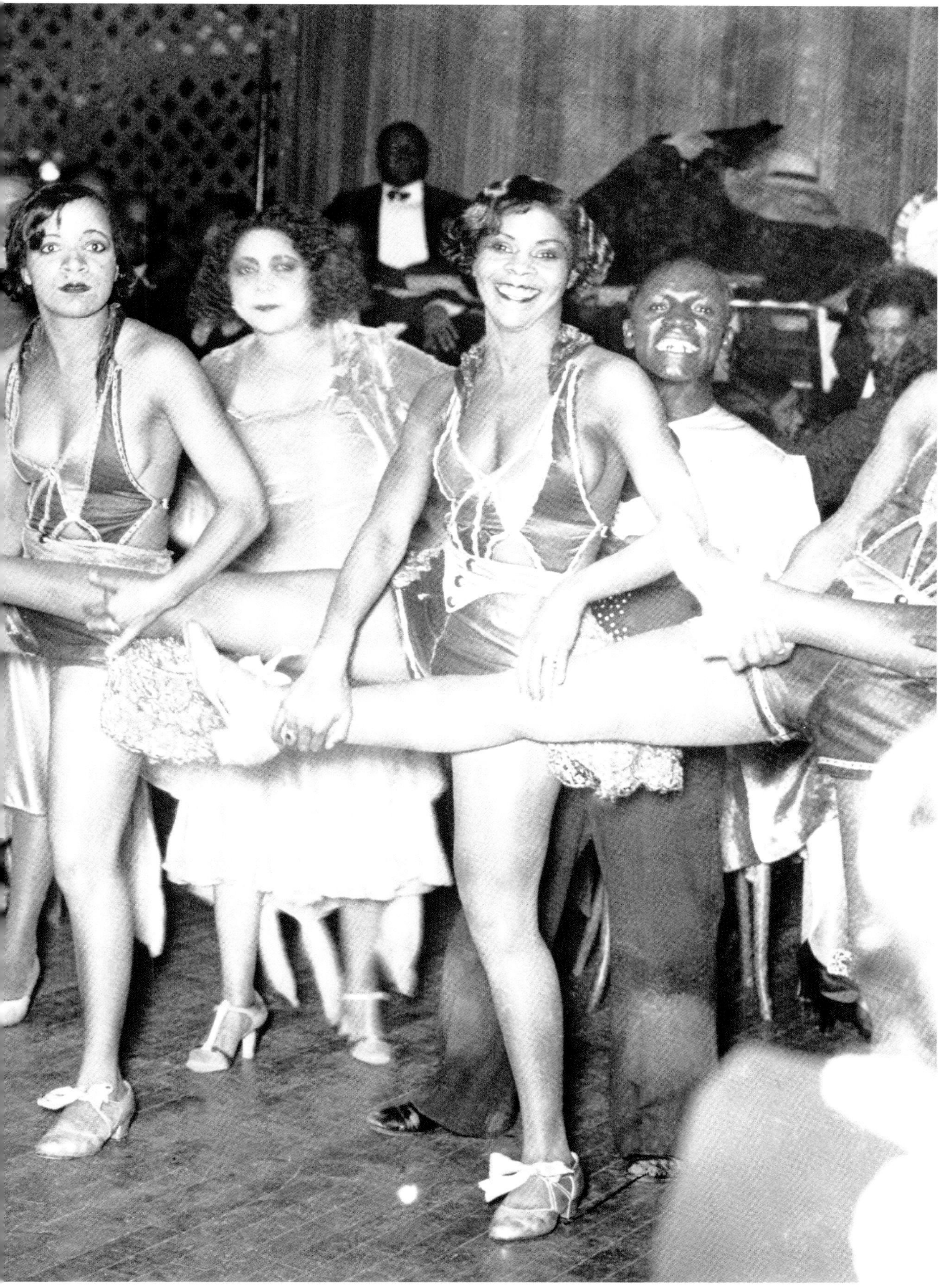

TRIUMPH DER „TALKIES"
DER TONFILM

Die Zwanzigerjahre bringen entscheidende und wegweisende Veränderungen für die junge amerikanische Filmindustrie, die ab 1910 in Hollywood erfolgreich Stummfilme produziert, wo Filmstudios wie Pilze aus dem Boden schießen. Als Testfall für den Erfolg gilt die Aufnahme der Filme durch das anspruchsvolle New Yorker Publikum in den dortigen Theatern. Seit Anfang der 20er experimentiert die Filmindustrie auch mit ersten vertonten Kurzfilmen, deren Tonqualität aber noch nicht massentauglich ist.

Zu den innovativen und bald führenden Studios zählt neben der 1924 gegründeten Produktionsfirma Metro-Goldwyn-Mayer die Firma der vier polnischstämmigen Brüder Harry, Albert, Sam und Jack Warner, die 1918 ein Filmstudio und 1923 die Filmgesellschaft Warner Brothers Pictures Inc. in Hollywood gründen und in den 30ern mit Trick-, Gangster- und Abenteuerfilmen zum Großkonzern aufsteigen. Zur Aufführung ihrer Filme lassen sie in den Großstädten eigene Theater erbauen oder aufkaufen.

Mitte der 20er versucht sich vor allem Sam Warner an der Produktion eines abendfüllenden Tonfilms, und so entsteht 1927 unter der Regie von Daniel F. Zanuck der erste längere Tonfilm in guter Qualität, der zugleich der erste Musikfilm bzw. das erste Filmmusical wird: *The Jazz Singer* mit Al Jolson in der Titelrolle. Er spielt Jackie Rabinowitz, den Sohn eines jüdischen Kantors, der in schweren Konflikt mit seinem orthodoxen Vater gerät, als er lieber Jazz Singer als in Familientradition Kantor werden will. Als Jazzsänger praktiziert Jolson das damals gängige „Blackface", das Sich-Schminken von Weißen als Schwarze mit karikierenden Zügen, etwa einem übergroß gemalten roten Mund. Er nennt sich nun Jack Robin und feiert als Jazzsänger große Erfolge, während der familiäre Konflikt weiterläuft.

Jolson singt im Film nur sechs Lieder, die Dialoge sind dünn, improvisiert und dienen eigentlich nur der Verlinkung der Musikstücke. Berühmt werden die ersten Worte „Wait a minute, wait a minute…", mit denen Jolson sein erstes Gesangsstück *Toot Toot Tootsie* einleitet.

Der Film hat am 6. Oktober 1927 im New Yorker Flagship-Theater der Warners Premiere und schlägt wie eine Bombe ein; tragischerweise erliegt Sam Warner am Vortag einer Lungenentzündung und erlebt den Triumph nicht mehr. Tonfilme – sogenannte „Talkies" (von talk, engl. sprechen) – verdrängen den Stummfilm bis Anfang der 30er vollständig und nicht wenige Stummfilmstars mit ihren großen Gesten und ihrer Mimik, die im Tonfilm übertrieben und aufgesetzt wirken, schaffen den Sprung in die neue Zeit nicht.

Eine Menschenmenge wartet vor dem Warner's Theatre auf Einlass zur Premiere des ersten Tonfilms *The Jazz Singer* mit Al Jolson. New York, 1927

ACTION HERO
CHARLES LINDBERGH UND SEIN FLUG

In den Zwanzigerjahren entwickelt sich in den USA der moderne Starkult, der auch mit der Verbreitung durch Massenmedien zu tun hat. Schon Stummfilmstars wie Asta Nielsen oder Rudolph Valentino, dessen Tod in New York 1926 eine Massenhysterie auslöst, genießen eine fast kultische Verehrung, ebenso Spitzensportler wie Babe Ruth oder die Pioniere technischer Höchstleistungen.

Von solchen träumt auch der Postflieger Charles Lindbergh, der 1925 seine Pilotenausbildung beim Militär als Jahrgangsbester absolviert. Er setzt bei den Leistungen von John Alcock und Arthur Whitten Brown an, die im Juni 1919 den ersten Nonstop-Flug über den Atlantik von Neufundland nach Irland unternehmen, aber sich abwechseln können. Lindbergh will es allein schaffen. Außerdem hat der Millionär Raymond Orteig ein Preisgeld ausgelobt.

Lindbergh kontaktiert den Flugzeughersteller Ryan Aeronautical in San Diego, der bis April 1927 die berühmte Spirit of Saint Louis entwirft, Titel auch für die späteren Memoiren Lindberghs. Am 20. Mai 1927 um 7:54 Uhr startet er vom Roosevelt Field auf Long Island bei New York zu seinem Alleinflug und geht aufs Ganze. Um mehr Treibstoff aufnehmen zu können, verzichtet er auf Funkgerät und Sextant und begnügt sich mit Armbanduhr und Karten. Die Strecke nach Paris beträgt 5.808,5 km (3.610 Meilen); über Neufundland gerät er in einen Schneesturm, über Südirland und Südengland kämpft er gegen Übermüdung.

Nach 33 ½ Stunden landet er auf dem Pariser Flughafen Le Bourget, nachdem ihm der illuminierte Eiffelturm den Weg gewiesen hat, und wird von einer jubelnden Menschenmenge begrüßt.

Bei der Rückkehr nach New York empfängt ihn eine Konfetti-Parade; Lindbergh ist der gefeierte Nationalheld, der Interviews und Empfänge absolviert und zum Symbol der neuen Zeit wird. Noch 1927 erhält er die Medal of Honor, die höchste US-Tapferkeitsmedaille, und wird Man of the Year des Time Magazine. 1929 heiratet er die populäre Flugpionierin Anne Morrow, die 1931 im einmotorigen Flugzeug nach Japan und China fliegt; die beiden gelten als amerikanisches Traumpaar und bekommen sechs Kinder. Als der älteste Sohn Charles junior 1932 entführt wird, fiebert die Nation mit den Eltern; das Kind ist jedoch tot und der „Lindbergh Baby Case" wird zu einem Jahrhundert-Kriminalfall der USA.

In den 30ern fällt Lindbergh durch antisemitische Hetzreden und Anbiederung an das NS-Regime unangenehm auf. Erst nach seinem Tod 1974 kommt heraus, dass er noch drei weitere Familien mit insgesamt sieben Kindern hatte, davon zwei in Deutschland.

Charles Lindberghs „Spirit of Saint Louis"
wird nach der Landung in Paris-Le Bourget
am 21. Mai 1927 von Menschenmassen
umlagert.

BLACK DAYS
DER BÖRSENCRASH VON 1929

Die Zwanzigerjahre sind wirtschaftlich in den USA eine Zeit des unerschütterlichen Optimismus und der ungebremsten Investitionen. Vor allem die Ära des 1923-29 amtierenden Präsidenten Calvin Coolidge sind goldene Jahre; der zentrale Aktienindex Dow Jones der führenden New Yorker Börse startet 1923 bei 100 Punkten und steigt bis September 1929 auf über 331 Punkte, nachdem 1928 die Zahl der Aktienwerte von 20 auf 30 erweitert wird. Nicht nur Banken, Firmen und Großinvestoren, auch Kleinanleger packt das Aktienfieber. Millionen nehmen kurzfristig hohe Kredite auf, die sie glauben mit ihren Aktiengewinnen locker zurückzahlen zu können. Es ist die bis dahin größte Spekulationsblase.

Doch Mitte Oktober 1929 bricht der Dow Jones ein, viele Anleger bereuen ihr hohes Risiko und stoppen den Kapitalzufluss zum Markt; am 23. Oktober liegt der Index nur noch knapp über 300 Punkten. Am 24. Oktober, dem „Black Thursday", bricht gegen 11 Uhr an der New Yorker Börse Panik aus, ausgelöst wohl durch den Bankrott des Londoner Spekulanten Clarence Hatry. Hektisch weisen die Verkäufer ihre Kunden an, zu jedem Preis zu verkaufen, der Index befindet sich im ungebremsten Absturz. Banken und Börsengurus versuchen zu beschwichtigen und schließen den Dow Jones bei 299 Punkten.

Doch am nächsten Tag, dem „Black Friday", geht der Trend unvermindert weiter, zumal jetzt mit Zeitverschiebung auch die europäischen Anleger von Panik erfasst werden; daher gilt für Europa der „Schwarze Freitag" als zentraler Tag. Einzelne Aktien fallen um über 30 % und der Index fällt auf 260 Punkte. Den Tiefpunkt bildet der „Black Tuesday" am 29. Oktober, als einige Aktien bis zu 99 % ihres Werts verloren haben, die Anleger keine Kredite mehr zurückzahlen können und der Index erst im November bei 180 Punkten seine Talfahrt abbremsen kann.

Die Folgen für die Volkswirtschaft sind trotz Stützungskäufen und eiserner Sparpolitik verheerend. Die USA, deren Bruttosozialprodukt um 28 % einbricht, sind am stärksten betroffen, das auf Hilfsgelder und Investitionen aus den USA angewiesene Deutschland am zweitstärksten. Selbst große Firmen machen Bankrott oder greifen zu Massenentlassungen, das Heer der Arbeitslosen wächst. Besonders in Amerika und Deutschland sieht man Menschenschlangen vor Armenküchen stehen; Arbeiter, Angestellte und Mittelständler laufen mit Pappschildern herum, dass sie jede Art von Arbeit annehmen. In den USA bringt erst Roosevelts „New Deal" ab 1933 neue Arbeits- und Sozialprogramme, in Deutschland kann im selben Jahr der braune Trommler Adolf Hitler mit seinen Versprechungen die Ernte einfahren.

Der New Yorker Börsenspekulant Walter Thornton hat alles verloren und bietet Ende Oktober 1929 sein Auto gegen Bargeld zum Verkauf an.

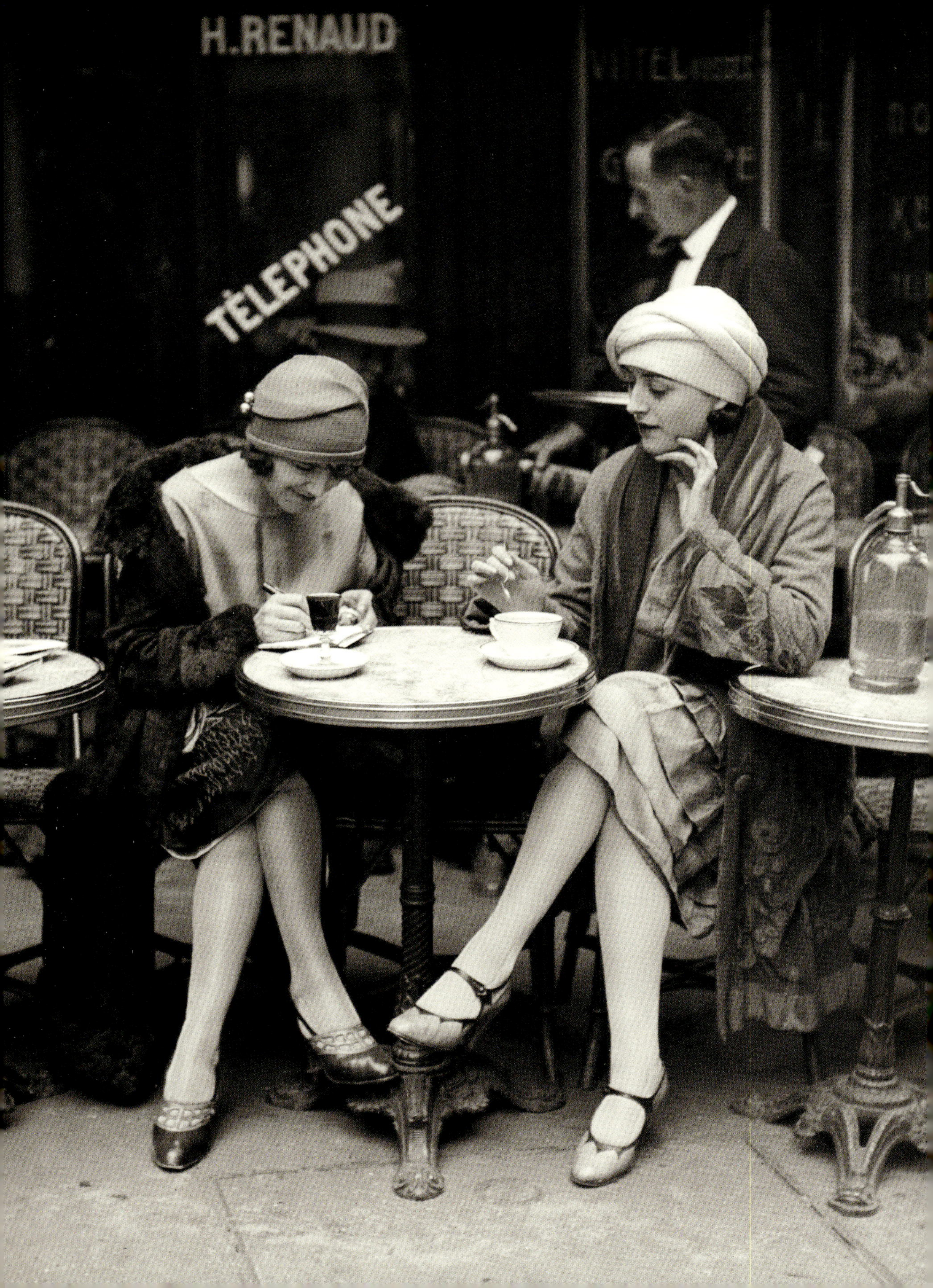
H. RENAUD
TÉLEPHONE

PARIS
MITTELPUNKT DER ANNÉES FOLLES

Paris wird seinem Ruf, die gesellschaftliche, intellektuelle und künstlerische Hauptstadt Europas zu sein, nach der gleichermaßen von Zukunftshoffnung wie Zukunftsangst getragenen Epoche des Fin de Siècle zwischen 1890 und 1914 in den Zwanzigerjahren zum zweiten Mal mit Nachdruck gerecht. In der pulsierenden und von neuen Entwicklungen immer wieder elektrisierten Seine-Metropole bricht sich ein unbändiger Lebenshunger und Freiheitsdrang Bahn, ein Wille zum Ausprobieren und Austesten jeglicher Grenzen, der vor allem die Literaten und Kunstschaffenden, aber auch Abenteurer, Bonvivants, Dandys, Selbstdarsteller, Salonièren und Gesellschaftsdamen erfasst.

Paris mit seinem Straßenleben und seiner Expressivität, die jede neue Strömung einsaugt und verwirbelt, wird zum Schmelztiegel der Begegnung von Einheimischen und Immigranten. Fast alle Exil-Gruppen – von russischen Revolutionsflüchtlingen über dem Genozid entronnene Armenier, von jüdischen Gruppen bis zu konspirativen Anarchisten – organisieren sich in starken Communitys in der Hauptstadt, die selbstbewusst mitmischen und Flagge zeigen, allen voran die Amerikaner, die dem Puritanismus der Prohibitionsära in ihrer Heimat entfliehen. Paris wird zur Welthauptstadt der kreativen Ausdrucksformen, mit dessen Elan selbst New York und Berlin nicht mithalten können, und zum Zentrum der Unterhaltung, des Nachtlebens und der leichten Muse mit Tanz und Showprogrammen in unendlichen Variationen und exotischer Üppigkeit (Abbildung gegenüber: Werbeplakat, ca. 1926). Das aufregende Pariser Leben gibt den 20ern in Frankreich einen Namen, der Programm ist: „Les Années folles", die verrückten Jahre.

Das „Rive Gauche", das linke Seine-Ufer mit dem Quartier Latin und dem Montparnasse-Viertel, wird geradezu zur Künstlerrepublik; Cafés, Bars, Kabaretts und Varietés, Straßenkünstler und Bouquinisten drängen sich auf engem Raum und sorgen für das hitzige Pariser Tag- und Nachtleben in grellbunten Farben. Der Jazz und die Chansons orchestrieren das öffentliche Leben und dringen auch in bürgerliche und proletarische Bevölkerungsschichten vor, ebenso wie das junge Kino und Filme aus der aufstrebenden Traumfabrik Hollywood. Lebens- und Wohngemeinschafts-Experimente bis hin zu frühen Kommunen haben hier genauso ihre Heimat wie Kleinverlage und Kleinst-Ateliers, Sänger, Chansonniers, Vorleser und Geschichtenerzähler auf Plätzen und in Cafés, Nahrungsreformer, Aussteiger, Lebenskünstler und Weltverbesserer jeglicher Couleur. Hier ist auch das Wohnquartier der recht großen US-amerikanischen Pariser Literatengemeinde.

Die Stimmung und das Leben in Paris heben sich kontrastreich vom übrigen Frankreich ab, das von den Westmächten die höchsten Verluste des Ersten Weltkriegs mit rund 1,7 Millionen Toten und über vier Millionen Verletzten trägt; in Westfrankreich sind große Landstriche verwüstet, die Bevölkerung ist traumatisiert. Die Kriegsversehrten sind in Frankreich und auch in Paris stärker organisiert und öffentlich präsent als in anderen Ländern, die „Geules cassées", die zerrissenen Fressen, wie sie sich selbst trotzig nennen. Das Land ist eigentlich erschöpft und desillusioniert, leidet politisch unter Sparzwängen und wirtschaftlichen Einschränkungen und erst ab 1926 stabilisiert sich durch starke US-Investitionen die wirtschaftliche Lage.

Auch Paris hat noch eine andere Seite und kämpft mit den Folgen der enormen Ausdehnung und Verdichtung der Stadt; zwischen 1900 und 1930 steigt die Einwohnerzahl von drei auf über sechs Millionen Menschen an. Seit dem Weltkrieg hat die Pariser Stadtverwaltung weder Geld noch Konzepte für eine rationale Stadtplanung. Zusätzlich sehen die 20er die Zuwanderung von Massen von Arbeitssuchenden aus ländlichen Gebieten und den Zuzug der Exilanten und Verfolgten aus den Ländern mit politischer Nachkriegs-Neuordnung. Die meisten von ihnen nehmen nicht am glanzvollen Leben teil, sondern sind schlicht auf Wohnungs- und Arbeitssuche. Rund eine halbe Million bettelarmer Menschen lebt in Paris in Einzimmerwohnungen oder möblierten Zimmern unter schlechten hygienischen Bedingungen, hinzu kommt der Wildwuchs der Wohnungsspekulationen, der in Paris besonders rüde Formen annimmt. Erst Ende der Zwanzigerjahre wird hier reguliert, vor allem mit dem Wohnungsbaugesetz von 1928 zur Schaffung preiswerten Wohnraums. Kaum ist ab 1926 Geld da, erschüttern Ende des Jahrzehnts hausgemachte Korruptionsskandale das Land und die Hauptstadt. Der bekannteste dreht sich um die 1928 verhaftete Pariser Anlagebetrügerin Marthe Hanau, „La banquière des années folles", die mit ihrem Partner Lazare Bloch Obligationen von Scheinfirmen auf den Markt wirft und leichtgläubige und gierige Anleger um über 120 Millionen Franc prellt. Die Weltwirtschaftskrise von 1929 trifft Frankreich dagegen vergleichsweise glimpflich. Trotzdem kommt auch das quirlige Paris Anfang der Dreißigerjahre etwas zur Ruhe; die Künstlergruppen bestehen weiter, aber die politischen Gegensätze und Arbeitskämpfe verschärfen sich, der Ton der Literaten wird rauer und nüchterner und die gesellschaftspolitischen Strömungen grenzen sich stärker gegeneinander ab.

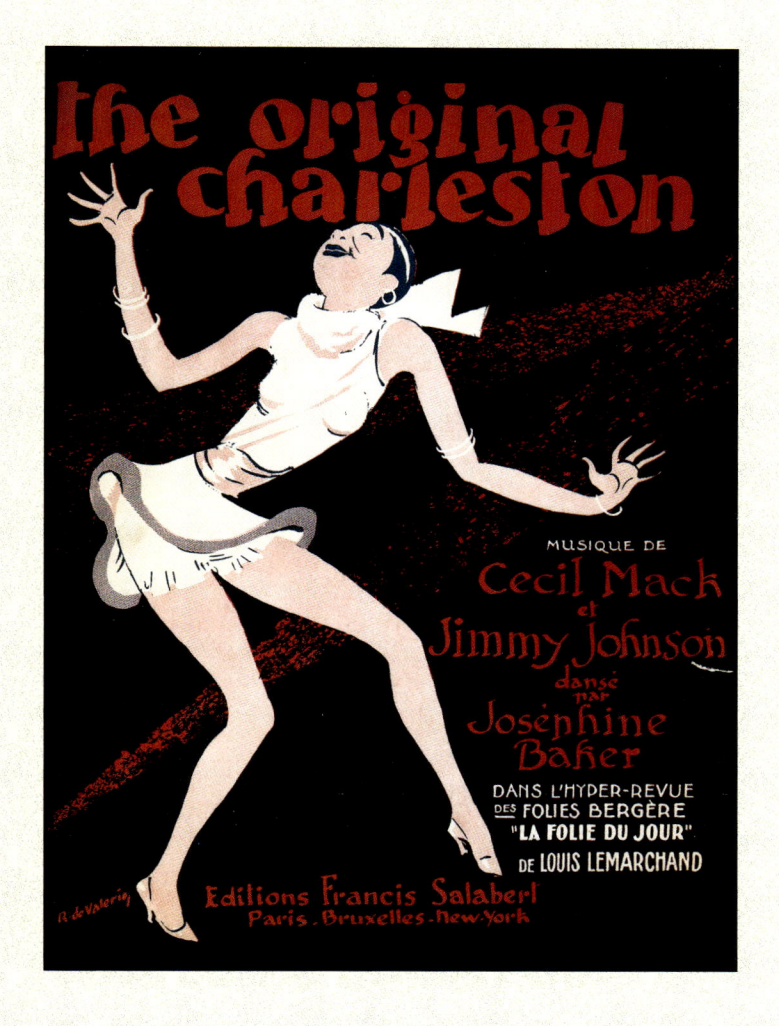

GEIST UND KUNST IM CAFÉHAUS
WELTSTADT DER FLANEURE

Auch in den Zwanzigerjahren trifft sich die Pariser Künstler- und Literatenszene in den berühmten Caféhäusern der „Künstlerviertel" Saint-Germain-des-Prés, Montparnasse und Montmartre. Die Richtungen und Stile der Literaten, Maler, Bildhauer und Musiker treten miteinander in einen überschwänglichen und euphorischen Diskurs, beeinflussen und befruchten sich gegenseitig und kulminieren in Manifesten und Aktionen. In den Cafés kommen Künstler und Bohème zusammen und verschmelzen miteinander.

Das Les Deux Magots am Boulevard Saint-Germain, benannt nach zwei Sitzfiguren chinesischer Händler im Innenraum, in dem schon Verlaine, Mallarmé und Oscar Wilde verkehrten, wird in den 20ern zum Treffpunkt der Surrealisten um André Breton.

Ebenfalls am Saint-Germain liegt das Café de Flore, das seinem Ruf als Treffpunkt der Literaten und Intellektuellen auch nach dem Weltkrieg gerecht wird. Genau darüber wohnt in den 20ern Charles Maurras, wortgewaltiger Literat der militant rechtskatholischen „Action française", der in dieser Zeit zum Mord an jüdischen Politikern aufruft. Auch das älteste, 1862 eröffnete, renommierte Café de la Paix im 9. Arrondissement bleibt ein Treffpunkt der intellektuellen Zirkel.

Paris sieht sich in den 20ern als kulturelle Hauptstadt Europas, steht aber ganz im Bann der amerikanischen Kultur. Entscheidende Einflüsse gehen daher von der Szene der „Expats" aus, jener Auslandsamerikaner, die sich in Harry's Bar nahe der Pariser Oper trifft, besonders nachdem sie 1923 der Barkeeper Harry MacElhorn übernimmt, in Harry's New York Bar umtauft und hier legendäre Cocktails wie Bloody Mary, French 75 und White Lady kreiert.

Hier gibt sich der exzentrische Starautor F. Scott Fitzgerald seinen alkoholischen Exzessen hin und glänzt mit seiner gescheiten Ehefrau Zelda, der Verkörperung des Flapper Girls (vgl. Seite 122). Der brillante und laute Schriftsteller Ezra Pound lebt ab 1920 in Paris, bevor er als glühender Kritiker des amerikanischen Konsum-Kapitalismus den Visionen Mussolinis verfällt und 1924 nach Rapallo übersiedelt.

Ernest Hemingway kommt 1921 als Reporter nach Paris und findet hier literarische Stoffe. Quasi als „Übermutter" fungiert in der Szene Gertrude Stein, die seit Anfang des Jahrhunderts einen Literatursalon in Paris betreibt und alle wesentlichen Künstler Frankreichs und Amerikas kennt, sie zusammenbringt, zu Höchstleistungen anregt und mit ihrer geistigen Unabhängigkeit beeindruckt. Sie prägt auch den Ausdruck „Lost Generation" für die vom Ersten Weltkrieg gezeichneten, unruhigen und skeptischen Sinnsucher, die sich dem Rausch und der schonungslosen Kulturkritik hingeben.

Bauhaus-Gründer Walter Gropius (links)
mit seiner Frau und Le Corbusier im Pariser
Café Les Deux Margots. Paris, um 1924

SURREALISMUS
DIE WIRKLICHKEIT ERWEITERN

Surrealismus meint wörtlich „über die Realität hinaus", und genau darum geht es. Die Realität ist die noch erkennbare Grundlage, aber sie wird rauschhaft verzerrt, verfremdet, erweitert und zur Explosion gebracht. Daher haftet dieser Kunst stets etwas Fiebriges, Psychedelisches, Bewusstseinserweiterndes an.

Geprägt hat den Begriff, der den Dadaismus im Erbe hat, der Dichter Guillaume Apollinaire 1917, doch zum Markenzeichen wird er erst im Paris der Zwanzigerjahre. Programmatischer Kopf ist der Schriftsteller André Breton, der 1924 sein „Manifeste du Surréalisme" veröffentlicht, in dem er die Auflösung des Gegensatzes von Traum und Wirklichkeit „in einer Art absoluter Realität" fordert. Später präzisiert er den Surrealismus dahingehend, dass dieser die sozialpolitische mit einer psychischen Revolution verbinde.

Bretons engste Mitstreiter sind Philippe Soupault, Louis Aragon und die Dichter Paul Élouard und Benjamin Péret, die in der Zeitschrift „Littérature" vehement für die Prinzipien des Surrealismus streiten, der im Laufe der 20er immer radikaler wird. Sie setzen auf die Kraft der Sprache und der Imagination. Später zerbricht die Freundschaft zwischen Breton und Aragon, als Letzterer sich den Kommunisten anschließt und den Surrealismus als zu unpolitisch angreift.

Wie der Dadaismus nimmt der Surrealismus eine scharf antibürgerliche Haltung gegen alte Denk- und Sehgewohnheiten ein, verzichtet aber auf alles Klamaukige bei seinen Aktionen. Er nimmt verschiedene Strömungen auf wie Symbolismus, Expressionismus, Futurismus und die Psychoanalyse und beeinflusst diese wiederum in vielfältiger Weise.

Fast noch stärker als durch das Wort wirkt der Surrealismus in Malerei und Bildhauerei. Angeregt von der „metaphysischen Malerei" des Italieners Giorgio de Chirico sorgen die Werke von Joan Miró, Pablo Picasso, Marc Chagall Amedeo Modigliani, Max Ernst und Salvador Dali, die sich während ihrer Zeit im Paris der Zwanziger zumindest zeitweise dem Surrealismus anschließen, in Ausstellungen mit ihren fantasievollen, detailreichen und verstörenden Werken für Skandale und erbitterte Debatten im Feuilleton.

Da der Surrealismus bis nach dem Zweiten Weltkrieg fortbesteht, wird er von Paris aus weltweit zu einer prägenden Kunst- und Geisteshaltung des 20. Jahrhunderts.

Die Surrealisten René Clair, Jean Biorlin, Francis Picabia und Erik Satie bei der Vorbereitung einer Aktion. 1924

LES FOLIES BERGÈRE

PARISER UNTERHALTUNG

Das Varieté Les Folies Bergère im 9. Pariser Arrondissement in der Rue Richer besteht schon seit 1869 und begeistert früh mit Auftritten von Artisten, Tierbändigern, Pantomimen und Kuriositätenschauen. Doch sein Bekenntnis zur Erotik und zum Lasziven im „Grand spectacle" kann es erst in den 20ern voll entfalten.

Gleich nach dem Ersten Weltkrieg beginnen die großen Revuen mit eingängigen Melodien, von denen viele zum Schlager werden, und choreografischen Tanznummern in knappen Kostümen mit Glitzerpailletten und Federbüschen, die auch andere Pariser „Vergnügungstempel" wie das Lido, das Moulin Rouge und das Casino de Paris übernehmen. Öfters fallen die Hüllen bis aufs Höschen und diese Art der Unterhaltung gilt nun weltweit mit einem augenzwinkernden „Oh, là, là …" als „typisch französisch". Der neue Direktor Paul Derval, ab 1918 für 48 Jahre als Maitre des Folies an der Spitze des Hauses, setzt auf schlanke, schmale Mädchen mit betont erotischen und tänzerisch perfekten, völlig synchronen Bewegungen und bezeichnet sein Ensemble als „besten Liebesmarkt der Stadt". Wer es sich leisten kann, besucht Paris allein schon wegen dieser Sehenswürdigkeit.

Derval wird zum führenden Pariser Conferencier und fördert zahlreiche Unterhaltungskünstler wie die Sänger und Schauspieler Maurice Chevalier, Mistinguett und Yvonne Printemps, die ihm regelmäßig ein volles Haus bescheren, oder die jungen Entertainer und Schauspieler Jean Gabin und Fernandel. Bedeutende Grafiker und Maler gewinnt er zur Gestaltung kunstvoller und farbenfroher Werbeplakate.

Einen Höhepunkt seines Schaffens bildet 1922 die Hyper-Revue „La Grande Folies" in 60 Tableaus, in der die bekanntesten Unterhaltungskünstler der Zeit mitwirken und die mit einem berühmten kubistischen Plakat beworben wird. Ein weiterer ist 1926 die skandalträchtige Revue „La Folie du Jour" mit der jungen schwarzen Tänzerin Josephine Baker als Hauptattraktion (vgl. Seite 158).

Er verpasst auch dem Haus ein modernes Image und beauftragt den Bildhauer Maurice Pico, der zwischen 1926 und 1929 eine neue Fassade im Stil des Art déco mit dramatisch bewegten Tänzerinnen und stilisierten Wellen schafft, die zum beliebten Fotomotiv wird.

Ein im Stil zeitgenössischer Kunst gestaltetes Plakat bewirbt in den 20ern ein Programm der Folies Bergère.

---

folgende Doppelseite: Josephine Baker (vorne 3. von links) in einer üppigen Szene der aufsehenerregenden Folies Bergère-Revue „La Folie du Jour". 1926/27

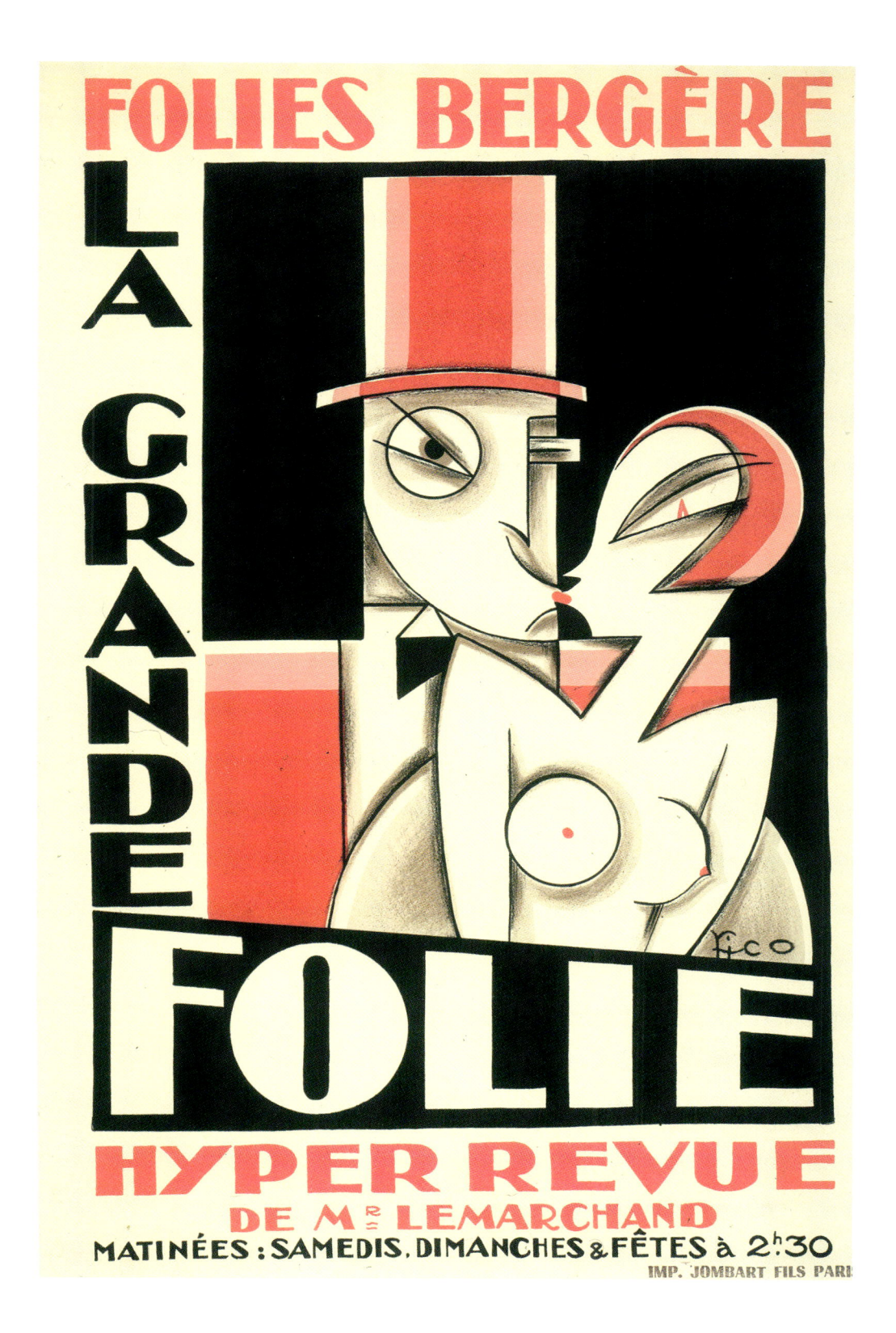

FOLIES BERGÈRE
LA GRANDE FOLIE
HYPER REVUE
DE Mr LEMARCHAND
MATINÉES : SAMEDIS, DIMANCHES & FÊTES à 2h30

IMP. JOMBART FILS PARIS

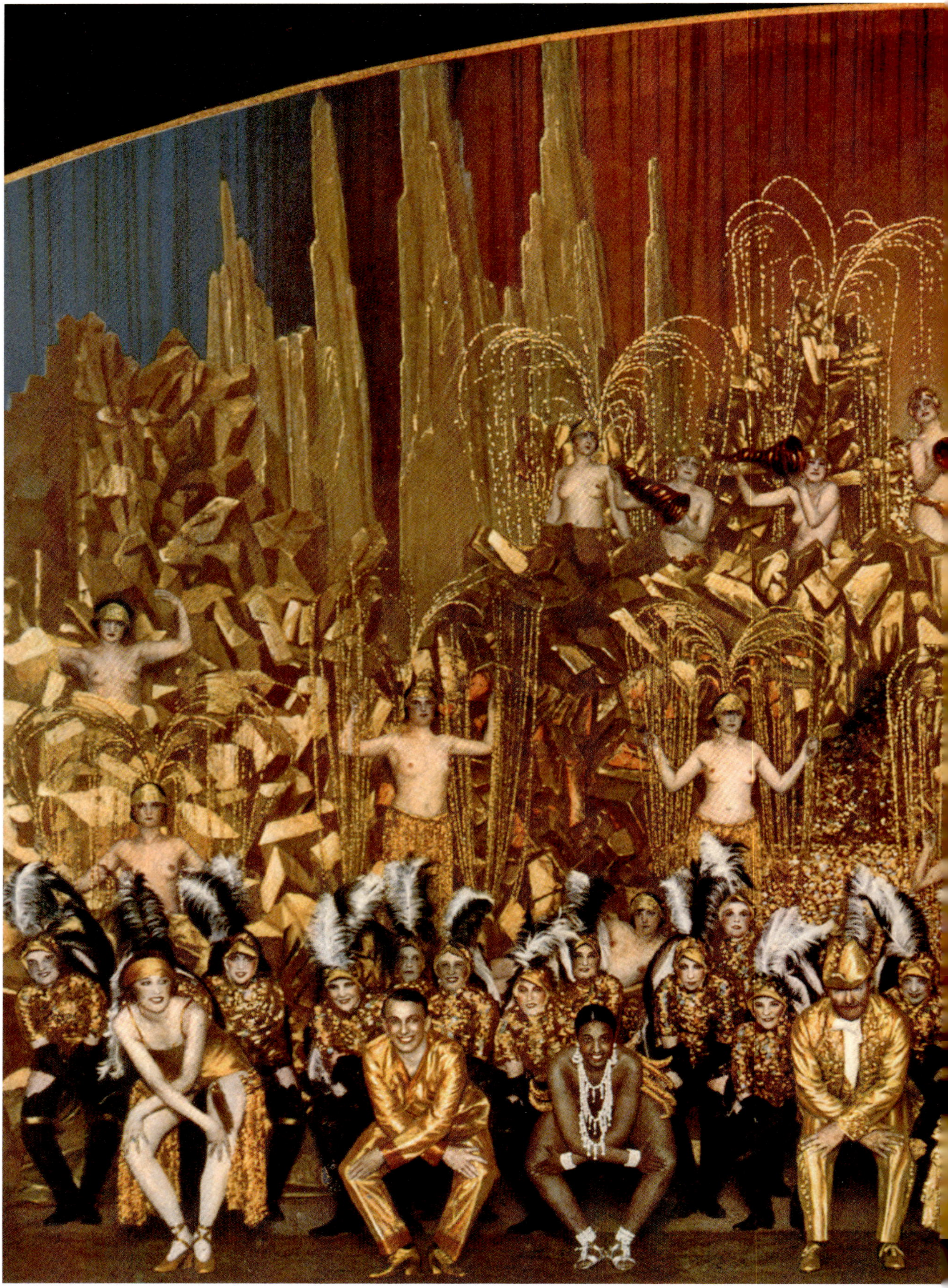

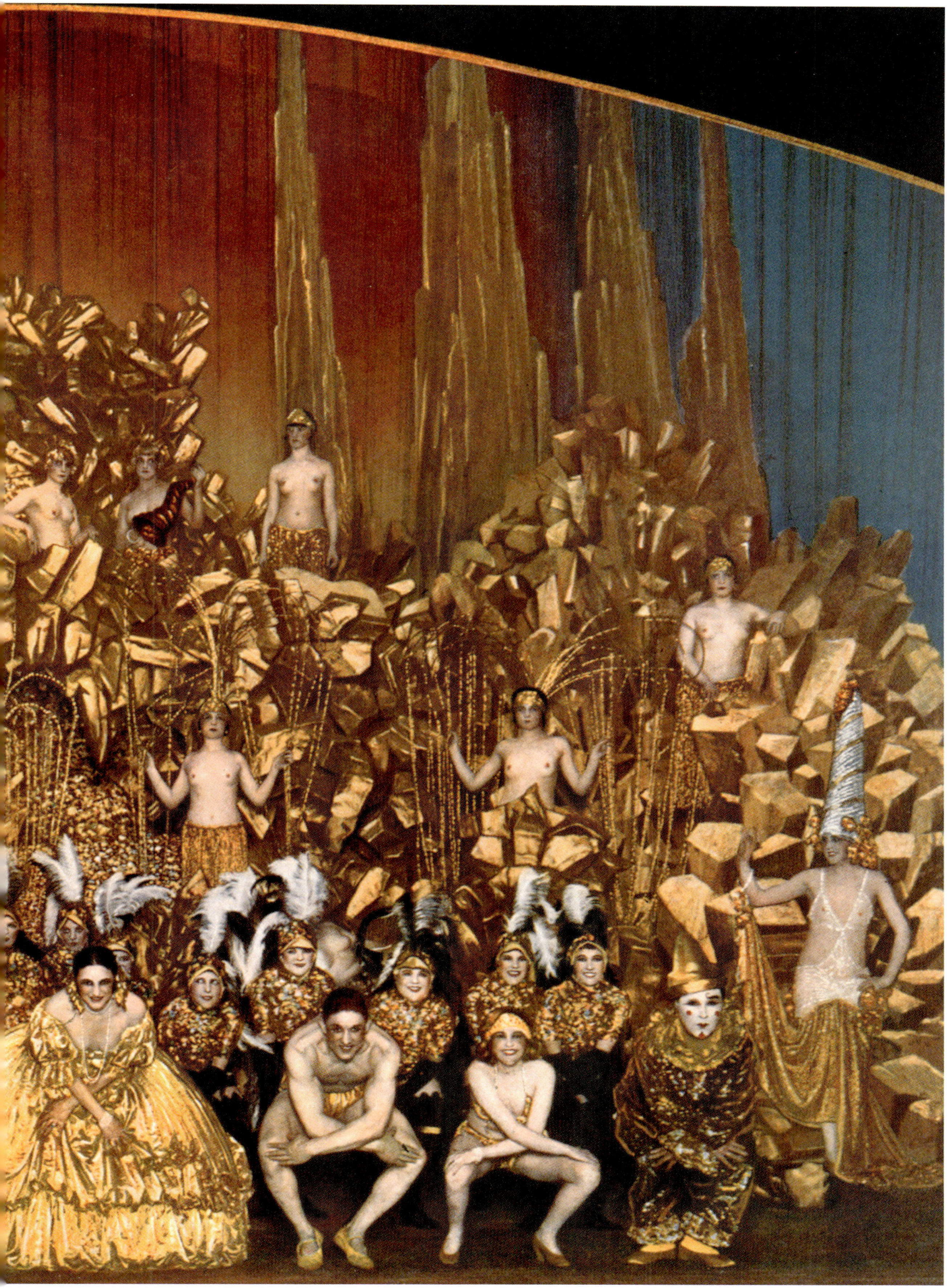

DER PLAN VOISIN

UTOPIE DER MODERNEN STADT

„Man geht von Zuhause fort, man tritt aus der Tür, und schon ist man ohne Übergang im Rachen des Todes: Die Autos rasen vorbei", erinnerte sich der Architekt Le Corbusier. Heute kann man sich kaum vorstellen, wie Zeitzeugen das Vordringen der Autos in ihren Städten empfunden haben. Lärm und Verschmutzung nehmen in den Zwanzigerjahren zu, auch die Geschwindigkeit, jedenfalls in der Theorie, denn immer häufiger verstopft der Verkehr die alten Straßenzüge.

Doch Le Corbusier hat eine Lösung parat: „Das Automobil hat die Großstadt getötet. Das Automobil muss die Großstadt retten." Im Jahr 1925 präsentiert er auf der „Exposition internationale des Arts décoratifs et industriels modernes" ein Modell, das die Innenstadt von Paris nördlich der Seine zeigt. Quartiere wie Les Halles sind verschwunden. An ihrer Stelle erheben sich 18 Hochhäuser, symmetrisch aufgereiht und umgeben von Apartmentkomplexen. Der meiste Raum ist für Grünflächen vorgesehen, durchzogen von Autostraßen, die sich im Zentrum kreuzungsfrei treffen. Völlig getrennt vom Autoverkehr sollen die Fußgänger in mehrstöckigen Malls mit Cafés und Geschäften durch die Baumwipfel flanieren.

Für Le Corbusier ist dies keine ferne Utopie. Er sucht nach konkreten Lösungen für die Probleme der Gegenwart mithilfe neuester Techniken und Baustoffe. Und er hat ein Gespür für die geschäftlichen Aspekte. Schon für die Finanzierung des Modells hat er sich an die Autoindustrie gewandt. Schließlich übernimmt Gabriel Voisin, ein Flugzeug- und Automobilhersteller, die Kosten und gibt dem Plan seinen Namen. Von den großen Unternehmen, die sich in den Hochhäusern ansiedeln sollen, erhofft sich Le Corbusier die nötigen Impulse zum Wandel der Städte. Nicht zuletzt mit Aussicht auf eine Wertsteigerung der innerstädtischen Grundstücke sollen Konzerne zu Triebfedern des urbanen Fortschritts werden. Le Corbusier sieht die Metropolen in einem weltweiten Konkurrenzkampf. Die Verkürzung der Entfernungen durch Geschwindigkeit und – in gebührender Distanz – eine harmonische Arbeitswelt in Licht, Luft und Ruhe sollen dem neuen Paris die entscheidenden Wettbewerbsvorteile sichern.

Der Plan Voisin stößt auf heftige Ablehnung. Seinen Kritikern hält Le Corbusier entgegen, dass auch frühere Epochen ihren Möglichkeiten entsprechend neue Akzente gesetzt haben, wie die Plätze des Sonnenkönigs oder die Boulevards des Baron Haussmann in Paris beweisen. Obwohl nicht umgesetzt, wird der Plan dennoch richtungsweisend für viele zukünftige Projekte und er begründet Le Corbusiers internationalen Ruf als großer Stadttheoretiker.

Hochhäuser zwischen Louvre und Marais:
Modell des „Plan Voisin" zur Umgestaltung
der Pariser Innenstadt von Le Corbusier.
1932

DIE SECHSTAGERENNEN
POPULÄRE SCHAUKÄMPFE IN DER STEILKURVE

Wenn die Rennfahrer zum nächtlichen Sprint ansetzen, geraten die Zuschauer auf den Rängen in Ekstase. Tausende Fans feuern ihre Mannschaften an, Helfer wechseln in rascher Folge die Ziffern an der Anzeigetafel: „4. Nacht, 85. Stunde, 2300 Kilometer, 650 Meter". Eine Band spielt auf, Sänger schmettern Hymnen, das Publikum fällt in den Refrain ein, etwa bei „Hardi Coco. Hardi Coco. T'es bien le roi du vélo!" zu Ehren der Radsportlegende Maurice Brocco, genannt Coco, der auch an Sechstagerennen in New York und Chicago teilnimmt.

Die Rennen im Pariser Vel d'Hiv sind ein Höhepunkt der französischen Radsportsaison. Das Wintervelodrom im Viertel Grenelle südlich des Marsfeldes ist 1909 eröffnet worden. Einer Theorie zufolge sollen sich die Rennen in den 1870er-Jahren aus Materialprüfungen von Fahrradherstellern entwickelt haben, die wegen eines Sportverbots an Sonntagen genau sechs Tage dauerten. Die neue Sportart, die sich von England aus in ganz Europa und Nordamerika verbreitet, erreicht zwischen den Weltkriegen ihre größte Beliebtheit.

Die Sechstagerennen sind ein kommerziell organisierter Zuschauersport. Die Rennfahrer erhalten als Profis individuelle Gagen und finden sich für die einzelnen Turniere in verschiedenen Teams zusammen. Die Betreiber der Sportarenen und Veranstalter der Rennen wollen ihrem Publikum vor allem eine gute Show bieten: Fahrer wie der „Fliegende Holländer" Piet van Kempen oder der Franzose Maurice Brocco werden zu Stars aufgebaut. Sie überbieten sich mit Strecken- und Geschwindigkeitsrekorden; Aufholjagden und gewagte Überholmanöver während der Sprints sorgen für Nervenkitzel. In den Zwischenzeiten, in denen die Mannschaften ihre Runden drehen, gibt es Showeinlagen, etwa die Auftritte der „Königinnen des Sechstagerennens", die ab 1926 unter beliebten Künstlerinnen, zu denen später auch Edith Piaf gehört, gekürt werden.

Die Symbiose von Mensch und Sportgerät, zwischen den Sportlern mit ihren trainierten Körpern und den Fahrrädern als technische Produkte, die immer weiter verbessert werden, entspricht ganz dem Zeitgeist mit seiner Begeisterung für Geschwindigkeit, Leistung und Schönheit. Davon zeugen die Berichte über die Rennen in Paris von Schriftstellern wie Paul Morand und Ernest Hemingway. Doch der starke Unterhaltungsfaktor zieht auch Kritik auf sich. Für ihre Gegner sind die Sechstagerennen eher Varieté-Nummern, keine sportlichen Wettkämpfe, die hehren Idealen verpflichtet sein sollten.

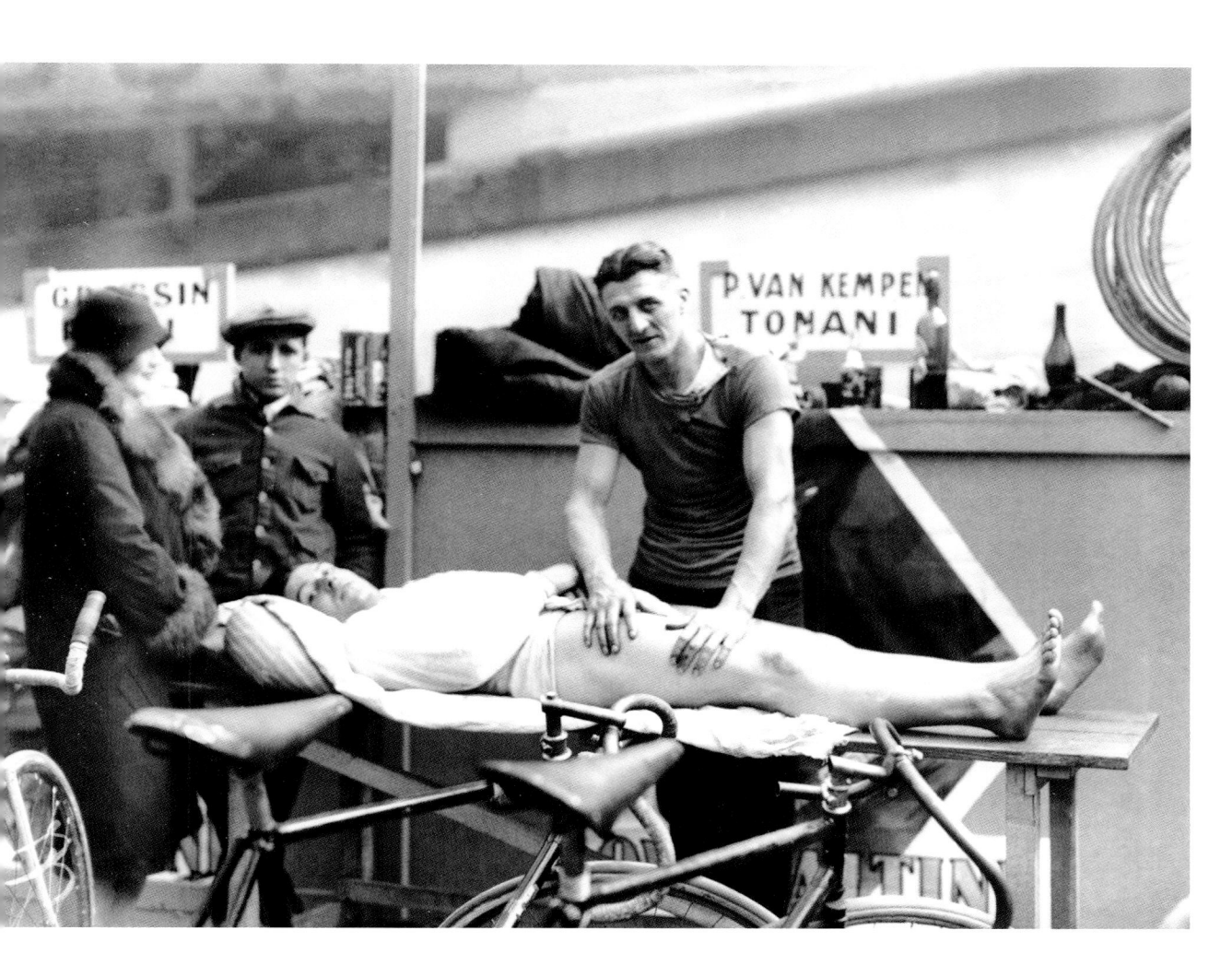

Die Radsportlegende Piet van Kempen, genannt der Fliegende Holländer, wird für die nächsten Runden fit gemacht. 1929

Art déco
Der elegante Lebensstil

Von Paris tritt ab den Zwanzigerjahren eine weltweit prägende Richtung der Kunst und des Lebensstils ihren Siegeszug an: das Art déco. Es ist nicht einfach, sie stilistisch abzugrenzen, da die Übergänge vom französischen Jugendstil Art nouveau ebenso fließend sind wie zu den modernen Stilen des Expressionismus, Kubismus, Funktionalismus, zur Streamliner-Moderne und zum Bauhaus.

Das Art déco strebt als Wille zum Gesamtkunstwerk eine Ästhetisierung und Funktionalisierung sämtlicher Lebensbereiche an und setzt auf klare Linien und schlichte, aber elegante Formen mit dezenten Rundungen, die das ineinander Fließende des Jugendstils hinter sich lassen. Eingesetzt werden edle Materialien von starker Sinnlichkeit wie poliertes Edelholz, Edelstahl, Chrom, Lacke und Kunststoffe.

Ausgangspunkt ist die Pariser Kunstgewerbe-Weltausstellung von 1925, die „Exposition internationale des Arts décoratifs et industriels modernes", nach der das zunächst namenlose Art déco als „Style 25" bezeichnet wird. Im Pavillon von Pierre Patout zeigt der Pariser Möbeldesigner Jacques-Émile Ruhlmann seine Stilmöbel aus polierten und verchromten Tropenhölzern mit kostbaren Chrom- und Ledereinlagen; er wird in der Folgezeit zum stilbildenden Innenraum-Designer der neuen Lebensart.

Das Art déco erfasst sofort andere Künste und Bereiche wie Schmuck und Mode, Keramiken, Skulpturen, Accessoires und Gebrauchsgegenstände. Berühmt werden Werbegrafiken und Plakate im Art déco und die modischen und erotischen Illustrationen des Pariser Zeichners George Barbier. Ein weiterer Hauptvertreter wird der Pariser Glaskünstler René Lalique mit seinen geschmackvollen Glasarbeiten; für die exklusiven Automobilmarken kreiert er auch Kühlerfiguren aus Pressglas.

Zur Durchsetzung des Art déco trägt wesentlich bei, dass die neue Richtung sich der seriellen industriellen Produktion öffnet und ihre Werke in das Sortiment großer Kaufhäuser aufnehmen lässt, die bereits auf der Industrieausstellung Schlange stehen. Dadurch tritt das ästhetisch ansprechende, funktionale Gebrauchsdesign seinen Siegeszug an und selbst Künstler anderer Disziplinen kreieren funktionalistische Objekte, wie etwa der konstruktivistische Maler Kasimir Malewitsch.

1927 wird der französische Luxusliner „Île de France" als erster Passagierdampfer weltweit vollständig im Stil des Art déco ausgekleidet; dem Vorbild folgen bis Mitte der 30er sämtliche Ozeanriesen. 1929 erleidet das Art déco durch die Wirtschaftskrise in Europa einen schweren Einbruch und wandert in die USA, wo Anfang der 30er in Form der Streamliner-Moderne die Wolkenkratzer der Großstädte, Automobile und Überland-Eisenbahnen den Stil des Art déco aufnehmen. Zu einer besonderen Blüte kommt die Art-déco-Architektur aber auch in Brüssel und in Lissabon (vgl. Seite 74).

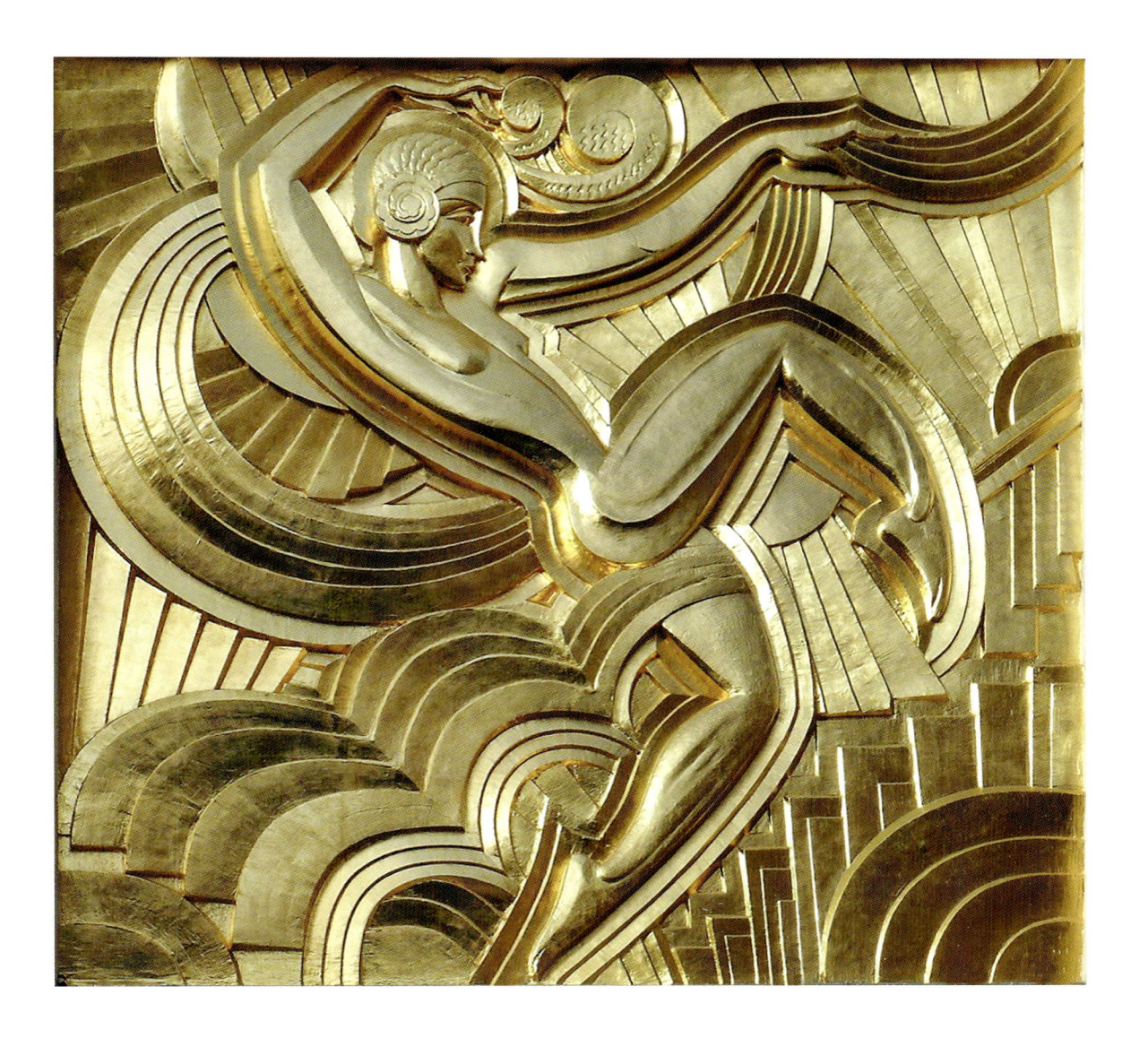

Das vom Bildhauer Maurice Pico gestaltete goldene Relief an der Fassade des Variététheaters Les Folies Bergère. Paris, 1929

folgende Doppelseite: Der neue Stil des Art déco wird bald von Architekten in aller Welt übernommen, so auch von Karl Schmalhofer und Otto Nadel für die Badeanstalt im Wiener Stadtteil Favoriten, erbaut 1923–26.

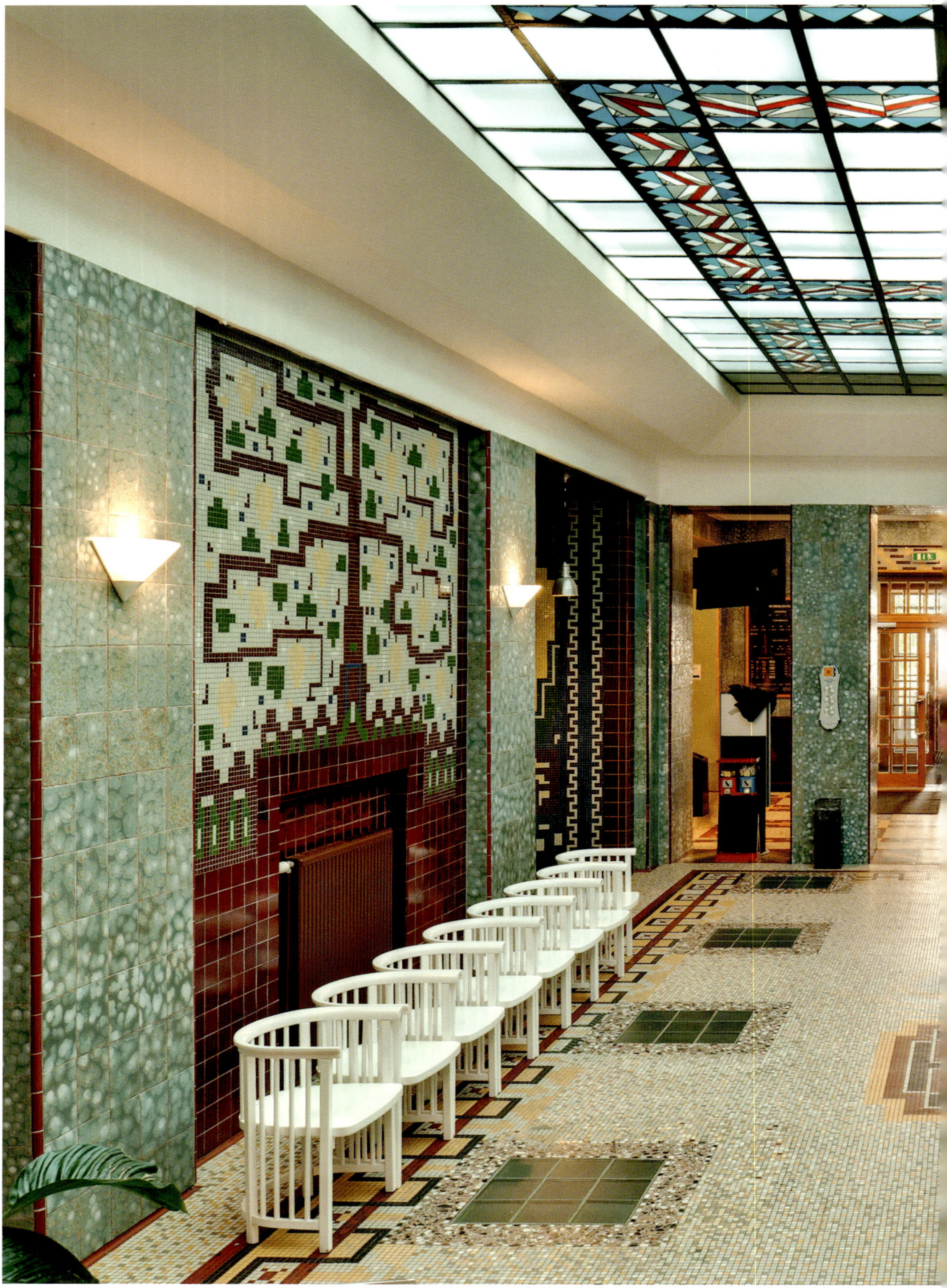

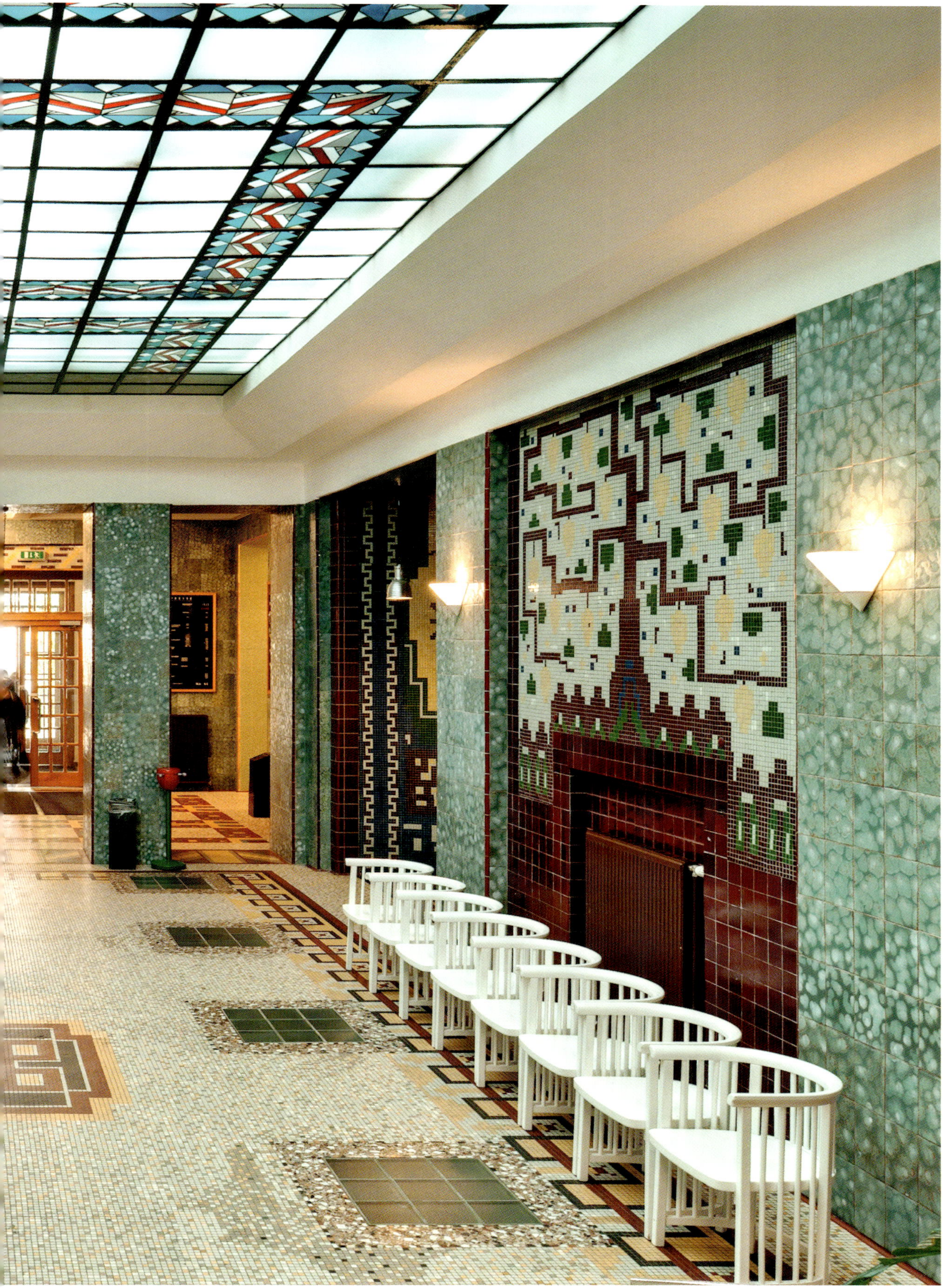

DIE SCHWARZE PERLE
JOSEPHINE BAKER

Am 2. Oktober 1925 eröffnet im Pariser Théâtre des Champs-Elysées eine 19-jährige afroamerikanische Tänzerin die „Revue Nègre", die schon einiges erlebt hat: Sie war Zeugin eines gewalttätigen Rassenpogroms in St. Louis und hat bereits zwei Ehen hinter sich. Mit ihrem wilden Charleston elektrisiert sie an diesem Abend erstmals das Pariser Publikum und eröffnet das Jazz Age in Paris und Europa. 1926 wird sie mit ihren Auftritten im Folies Bergère, in Brüssel und Berlin quasi über Nacht zum ersten afroamerikanischen Weltstar und unsterblich durch ihren barbusigen „Danse Sauvage" im Bananenröckchen.

Josephine Baker wirkt auf die Pariser und andere europäische Großstädte wie eine Naturgewalt. Sie tanzt wild und ausgelassen, schneidet dabei Grimassen, gluckst, lacht, zeigt ihre makellos weißen Zähne und vibriert mit jeder Faser ihres Körpers. In überschwänglichen Lobeshymnen wird sie als „Schwarze Perle", „Schwarze oder Bronzene Venus" und „Kreolische Göttin" gefeiert und selbst konservative Kulturkritiker verwirrt sie mit ihrer quirligen und extrovertierten Lebendigkeit. Bei ihrer Ankunft auf Tourneen stürmen Menschenmassen die Bahnhöfe.

Was macht es da, dass sie wegen ihrer gewagten Tänze und Kostüme Auftrittsverbot in Wien, Prag, Budapest und München hat, wo sie das Publikum dort deshalb umso stärker begehrt. Härter trifft sie der Hass, der ihr aus ihrer Heimat USA entgegenschlägt und sie 1937 die französische Staatsangehörigkeit annehmen lässt. 1927 schlägt sie eine erfolgreiche Laufbahn als Sängerin und Schauspielerin in Filmen des exotischen Genres ein.

Unter Pariser Künstlern, Literaten und Musikern herrscht zu dieser Zeit ohnehin großes Interesse an der „Culture noire" als einer vermeintlich ursprünglichen und unverbildeten Kultur. Werke von Picasso (der Baker die „Nofretete von heute" nannte), Fernand Léger oder auch Constantin Brancusi aus den frühen Zwanzigerjahren lassen diese Einflüsse erkennen.

In Paris und anderen Metropolen Europas macht Josephine Baker darüber hinaus den Jazz noch populärer, der in den 20ern in Europa noch als rein schwarze Musik gilt und wie die modernen Tänze Shimmy und Charleston noch etwas Verruchtes hat, aber eben auch Freies und Ungezwungenes.

Die schwarze Entertainerin Josephine Baker, die ganz Europa verzaubert, auf einer Fotopostkarte. Um 1925

PARIS 159

DIE BEFREIUNG DER FRAU
COCO CHANEL

Die Zeit nach dem Ersten Weltkrieg bringt in allen Lebensbereichen für die Frauen geradezu revolutionäre Befreiungen von gesellschaftlichen Zwängen und beengenden Konventionen. Die langen Haare, Zöpfe und Knoten verschwinden zugunsten lockerer und frecher Kurzhaarfrisuren; bekannte Schauspielerinnen wie Asta Nielsen machen den „Garçon-Schnitt" oder Bubikopf populär. Die unpraktischen Wagenrad-Hüte werden durch weiche, anschmiegsame Topfhüte ersetzt. Die moderne Frau der Großstadt tritt auffällig geschminkt und rauchend in der Öffentlichkeit auf, besucht alleine Bars und Varietés, trinkt Alkohol und gibt sich gleichermaßen weiblich wie forsch und selbstbewusst. In Künstlerkreisen pflegen Frauen auch ein androgynes Auftreten in Hosenanzug mit Krawatte.

Die deutlichste Befreiung aber betrifft die Kleidermode, genauer die Befreiung von Korsett und beengenden Miedern. Und hier ist Paris führend. Die gelernte Näherin Gabrielle „Coco" Chanel eröffnet bereits 1910 in der Rue Cambon ein Hut- und bald darauf ein Modeatelier. Schon 1916 beschäftigt sie 300 Näherinnen und kreiert schlichte, lockere Kleider aus Baumwolljersey, wadenlange Röcke und luftige Hosen, die bald zum Inbegriff der Eleganz werden, sich aber auch als Arbeitskleidung eignen. Das ist entscheidend, denn immer mehr Frauen drängen in praktisch-eleganter Kleidung auf den Arbeitsmarkt. Die große Stunde der Chanel schlägt in den Zwanzigerjahren. Sie baut ihr Unternehmen zum Imperium aus, kreiert ab 1924 eine zusätzliche Parfum-Sparte und gewinnt die berühmtesten Schauspielerinnen und Hollywood-Diven, aber auch Revue-Tänzerinnen als Kundinnen. Gezielt sucht sie die Bekanntschaft nahezu aller Größen der Pariser Kultur- und Künstlerszene, geht Liaisons ein, über die ganz Paris redet, und wird zu einer Institution.

1926 gelingt ihr ein unsterblicher Erfolg mit dem „kleinen Schwarzen", einem klassisch-elegant geschnittenen, zu vielerlei Anlässen tragbaren Cocktailkleid aus schwarzer Chinaseide, das in der amerikanischen *Vogue* vorgestellt wird und von dem Chanel hellsichtig sagt, dass es „eine Art Uniform für alle Frauen mit Geschmack werden" wird. Die Produktion des „kleinen Schwarzen" geht im Hause Chanel sofort in Serie.

Auch andere entwerfen in Paris schicke, modische und moderne Kleider, so Chanels späterer Geliebter Paul Iribe und der bereits vor dem Krieg erfolgreiche Modeschöpfer Paul Poiret, der in den 20ern seidene Abendkleider präsentiert.

Die moderne Frau nach der Pariser Mode mit leichtem, anliegendem Kleid und Topfhut in einer amerikanischen Modezeitschrift. 1928

Chanel   Claire Soeurs   Jenny   Chanel

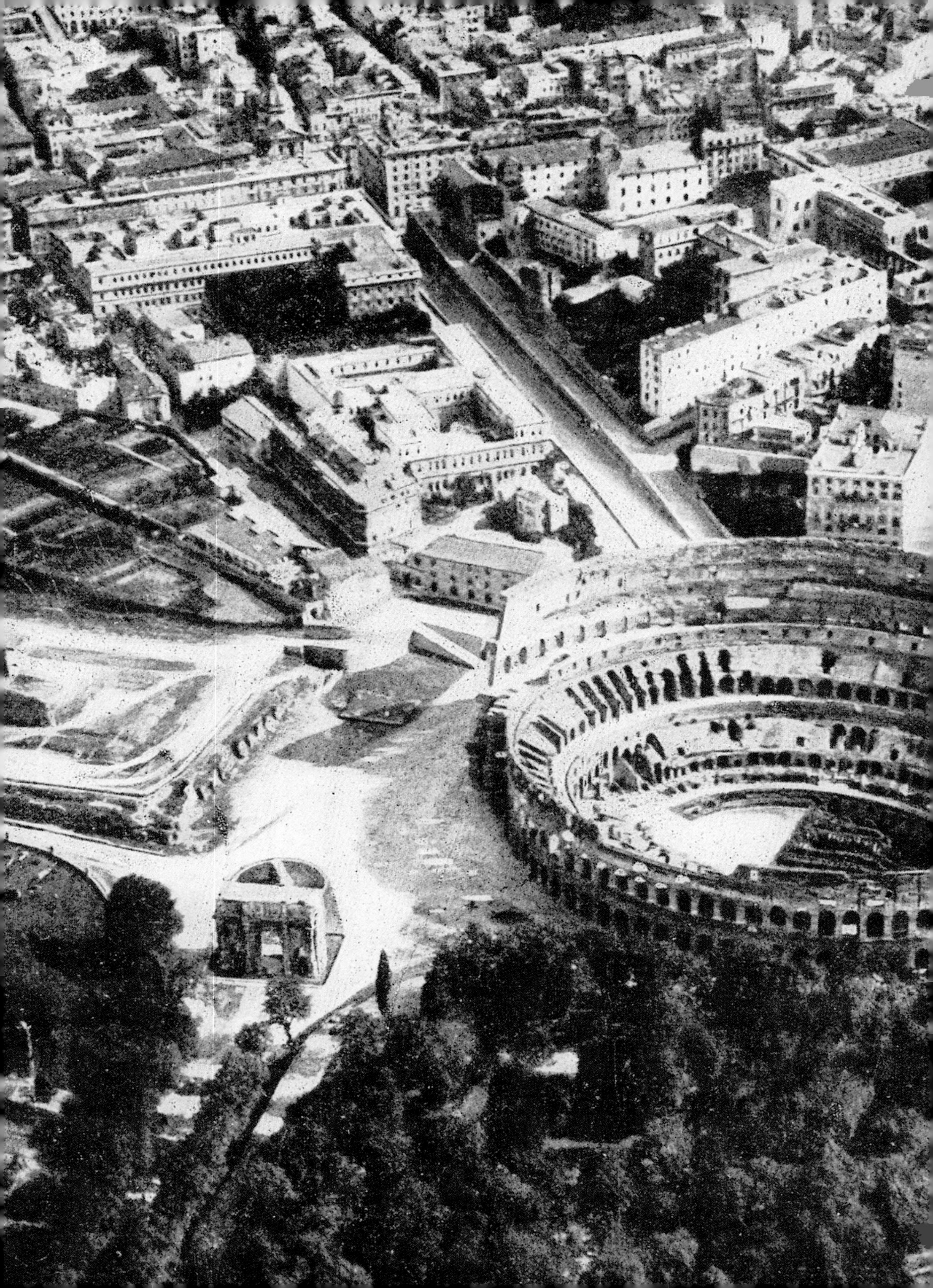

ROM

STAATLICH GELENKTER AUFBRUCH

Rom wurde erst im Januar 1871 zur Hauptstadt des neugegründeten Vereinigten Königreichs Italien und war bis dahin vor allem Sitz des Papstes und Zentrum des 1870 eroberten und angegliederten Kirchenstaats. Die Päpste der Renaissance und des Barocks hatten beeindruckende Kirchen- und Repräsentationsbauten errichtet, doch die Infrastruktur der städtischen Wohnbauten war völlig veraltet bis stark marode. Die bürgerlichen Regierungen setzen ihre Nationaldenkmäler, doch der Erste Weltkrieg und die bürgerkriegsartigen und gewalttätigen „Roten und Schwarzen Jahre" (1920–22) hinterlassen ein krisengeschütteltes Land, dessen Regierung nur wenig Geld in die Infrastruktur seiner Großstädte stecken kann. Mit seiner Machtergreifung im inszenierten „Marsch auf Rom" Ende Oktober 1922 legt der faschistische Duce Benito Mussolini sofort gigantische Bauprogramme auf, die vor allem die Hauptstadt Rom betreffen (Abbildung gegenüber: Begradigte Magistralen führen auf das Colosseum zu, moderne Repräsentationsgebäude säumen die Straßen). Er will das mittelalterliche und frühneuzeitliche arme Rom völlig verschwinden lassen, das päpstliche Rom auf abgegrenzte Nischen zurechtstutzen und das antike Rom der Cäsaren im neuen Glanz erstrahlen lassen.

Der faschistische Heldenkult sucht den direkten Anschluss an die antike Weltmacht Rom, sodass die faschistische Architektur und Ästhetik der neugestalteten Stadt Rom zwischen hypermodernem Futurismus und Antikenkopie schwankt, wovon etwa die überall aufgestellten körperbetonten Helden- und Kriegerstatuen künden, die muskelbepackte Entschlossenheit in den Posen mit kantiger Brachialästhetik verbinden. Rom erfährt innerhalb weniger Jahre als Universalbaustelle den größten Umbau aller Welthauptstädte und erhält ein neues Gesicht, das die Stadt bis heute prägt. Zunächst strebt Mussolini die Schaffung einer echten Metropole an; die Einwohnerzahl steigt durch geförderten Zuzug daher von 660.000 im Jahre 1921 auf gut eine Million 1931. Neben den Repräsentationsbauten errichtet das Regime vor allem Wohnungen und Häuser für die Mittelklasse und die staatliche Beamtenschaft, deren Unterstützung es gewinnen will. Für die Mittellosen und die Opfer der Baumaßnahmen werden ab 1924 an den Stadträndern Wohnsilos hochgezogen. Zur Aufwertung des Speckgürtels von Rom stellt das Regime die Gartenstädte Garbatella und Aniene als Prestige- und Vorzeigeprojekte für modernes Wohnen fertig. Breite Prachtstraßen und Magistralen mit Blockbauten sowie Sichtachsen und Aufmarschfelder gliedern und begradigen die verwinkelte Stadt und lassen Luft, Licht und Autoverkehr in die aufgeräumten und von baulichem Wildwuchs befreiten Stadtviertel.

Der für Italien fatale spätere Anschluss Mussolinis an Hitler-Deutschland darf nicht vergessen lassen, dass gerade das neugeschaffene, pulsierende und großstädtische Rom der Zwanzigerjahre die Welt und besonders die angelsächsischen Länder fasziniert; Briten und Amerikaner kommen als Touristen in Scharen und gerade in Großbritannien findet der als modern und fortschrittlich geltende italienische Faschismus viele Fans. Allgemein gilt das neue Rom mit seinen funktionalen Großbauten, dem ausgebauten Straßennetz und den ins Umland laufenden Verkehrsadern als Prototyp der modernen, verkehrsgerechten Hauptstadt, die im Übrigen dadurch auch als Ziel für den aufkommenden Massentourismus noch interessanter wird. Hier manifestiert sich Mussolinis Absicht, den Faschismus als hypermoderne Gegenbewegung zum angeblichen westlichen „Laissez faire" zu etablieren. Dem Individualismus der Gesellschaft gerade in mondänen Zentren wie Paris, London oder Berlin setzt er eine Massenideologie entgegen. Massenbewegung und Massenbegeisterung sind zentrale Kennzeichen der faschistischen Politik.

Mussolinis Versuch, breite Schichten der Gesellschaft auch mit Arbeits- und Bauprogrammen hinter sich zu versammeln, erleidet durch die Krise um die Ermordung des Sozialistenführers Giacomo Matteotti durch einen Schlägertrupp der Schwarzhemden 1924 einen empfindlichen Rückschlag, doch geht Mussolini letztlich gestärkt daraus hervor und kann 1925 den Aufbau des faschistischen Staats und damit die Errichtung seiner unangefochtenen

Diktatur propagieren. Für die Stadt Rom bedeutet dies die Inangriffnahme erster Pläne zur Errichtung ganz neuer, durch und durch faschistisch geprägter Super-Stadtviertel, wie sie ab Anfang der Dreißigerjahre realisiert werden (Abbildung oben: Mussolini an der Spitzhacke).

Um die vollständige Herrschaft über die Köpfe und Herzen der Italiener zu gewinnen, muss Mussolini ein Problem lösen: Der Papst betrachtet sich seit der Wegnahme des Kirchenstaats 1870 als „Gefangener des Vatikans", ist dem italienischen Nationalstaat gegenüber ablehnend eingestellt und fordert die Gläubigen mehr oder weniger deutlich auf, dem Staat die Mitarbeit zu verweigern, solange die „Römische Frage" nicht geklärt ist. Mussolini löst den Loyalitätskonflikt der Italiener auf, indem er im Februar 1929 mit Kardinalstaatssekretär Gasparri die Lateranverträge unterzeichnet, die den Vatikanstaat als kleinsten Staat der Welt unter Souveränität des Papstes um Petersplatz und Peterskirche kreieren; im Gegenzug erkennt der Papst die Stadt Rom als Sitz der italienischen Regierung an, die im Quirinalspalast residiert. Der Akt wertet Mussolinis Regime international noch einmal enorm auf und trägt ihm die Unterstützung der Kirche ein.

Ab Ende der Zwanzigerjahre kann Mussolini ungehindert und nach seinem Gutdünken darangehen, das völlig neue Gesicht Roms zu vollenden, das im Wesentlichen das heutige ist, da es – anders etwa als in Berlin – in Rom nach 1945 keinerlei Bestrebungen gibt, Mussolinis Stadtplanung der Zwanziger- und Dreißigerjahre zurückzubauen oder zu überdecken.

DAS DRITTE ROM

DIE NEUERFINDUNG EINER HAUPTSTADT

Das heutige Rom ist ein Erbe der Stadtgestaltung in den Zwanziger- und Dreißigerjahren. Unverzüglich nach der Machtübernahme macht sich Mussolini an den Totalumbau der Hauptstadt, womit Italien in puncto Stadtplanung weltweit führend und Rom zur größten Baustelle der Welt wird. In den 20ern wird die bestehende städtebauliche Struktur tiefgreifend verändert, bevor in den 30ern die neuen Stadtteile und Quartiere wie die Filmstadt Cinecittà, die Universitätsstadt Città Universitaria und die Sportstadt im Norden hinzukommen.

Mussolini will Rom gleichermaßen im antiken Glanz neu erstrahlen wie als moderne Metropole Europas erstehen lassen. Ab 1923 werden daher zunächst die antiken Bauten freigelegt wie das Kapitol, das Forum Romanum, Kaiserforen und Engelsburg, das Marcellus-Theater und zahlreiche antike Tempel. Die angrenzende enge Bebauung seit dem Mittelalter wird rigoros entfernt. Allein zur Anlegung der breiten Via Teatro di Marcello zum Tiber werden 5000 Armenwohnungen abgerissen und die Bewohner am Stadtrand in rasch hochgezogene Barackensiedlungen und Mietskasernen („Superblocchi") umgesiedelt; für die heutige Via dei Fori Imperiali wird das mittelalterliche Stadtviertel Borgo komplett niedergelegt. Der Diktator, der sich gerne mit Spitzhacke zeigt, lässt in den Zwanzigerjahren etwa drei Millionen Kubikmeter Bausubstanz abtragen, um sein neues, „drittes Rom" nach dem Rom der Kaiser und der Päpste zu errichten. 1925 verkündet er: „In fünf Jahren muss Rom für alle Menschen der Welt wundervoll dastehen: weiträumig, geordnet und machtvoll, wie ehedem das Erste Imperium des Augustus...", gleichzeitig wird überall im Land abgerissen und neu gebaut, Sümpfe werden trockengelegt und Aufmarschplätze planiert.

Zu Hauptprachtstraßen der Faschisten in Rom werden die Via della Conciliazione und die Via Veneto, die von modernen Großbauten flankiert werden. Lichte Magistralen durchziehen nun die Stadt anstelle der beseitigten engen und verwinkelten Gassen. Die neuen Bauten sind gleichzeitig wuchtig und in sich gegliedert und verbinden Herrschaftsarchitektur mit monumentaler Schnörkellosigkeit. Der „Razionalismo" mit seiner Reduktion auf die architektonischen Grundelemente ist durchsetzt mit avantgardistischen Elementen des Futurismus; beide Stile hat der Faschismus adaptiert. Mussolinis „Staatsarchitekt" Marcello Piacentini beschreibt den neuen Baustil so: „Einfach, sauber, klar, anti-dekorativ, anti-romantisch, anti-pittoresk, logisch, ungesucht, ungekünstelt, konstruktivistisch, präzise, von gespannter Kraft und essenziell."

Arbeiter beseitigen den Schutt eingerissener Gebäude in der Via Tor de' Specchi, im Hintergrund das 1927 vollendete Nationaldenkmal Altare della Patria. Rom, 1929

MASSEN IN BEWEGUNG
ITALIENS NEUE ORGANISATIONSFORMEN

Bereits der Proto-Faschismus betreibt mit D'Annunzios Marsch auf Fiume 1919 und der Abhaltung täglicher Massenspektakel in der Stadt einen eigenen Kult um die Bewegung der Massen. Mussolini übernimmt dieses Muster mit der Inszenierung seiner Machtübernahme als Marsch auf Rom im Oktober 1922. Obwohl der Duce selber bequem im Nachtzug aus Mailand kommt und sich nur auf den letzten Metern einreiht, wobei die berühmten Bilder vom marschierenden Mussolini an der Spitze der Massen entstehen, und gleichzeitig 50.000 Faschisten in den verregneten Wiesen vor Rom im Matsch versinken, beeindrucken die international im Kino gezeigten Filmaufnahmen vom Sternmarsch der Massen auf Rom und von Lastwagen, die mit entschlossenen Kämpfern beladen Richtung Hauptstadt donnern, die Welt nachhaltig.

Das neue Regime setzt von Anfang an auf die Inszenierung bewegter Massen, wozu die Abhaltung glanzvoller Paraden vor heroischen Kulissen ebenso zählt wie der Aufmarsch faschistischer Prätorianer mit römischem Gruß. Zu den umfangreichen Baumaßnahmen gehört in jeder Stadt, die die Faschisten umgestalten, die Planierung weiter freier Flächen zur Aufnahme riesiger, dicht gedrängter Massen. In seinen lauten und pathetischen Reden spielt Mussolini mit den Emotionen der erwartungsvollen Menge in einem Maße, wie es selbst von den kommunistischen Führern Russlands bislang unbekannt ist. Dabei setzt er auf einen theatralischen Körpereinsatz, der an der Gestik und Mimik der Stummfilme geschult ist. Jubel, Begeisterung und Zustimmung werden wieder und wieder auch filmisch in Szene gesetzt.

Die faschistische Herbeiführung einer Einheit von Massen und Bewegung zeigt sich besonders in der 1925 gegründeten Opera Nazionale Dopolavoro (OND) als staatlicher Freizeit- und Erholungsorganisation. Die arbeitsfreie Zeit der Arbeitermassen wird als groß angelegte Sportveranstaltung organisiert, die Massen in Fitness und Bewegung gehalten; dem dient auch die in den 30ern errichtete Sportstadt in Rom. Die OND organisiert auch den ersten Massentourismus in Europa mit der Bewegung betreuter Menschenmassen per Schiff und Bahn an Ausflugsziele. 1926 erfassen diese Prinzipien mit der Gründung der „Balilla" auch die gesamte Jugend Italiens, deren Ziel die „physische und moralische Erziehung der Jugend" ist und die eine ganze Generation Italiener durchläuft. In paramilitärische Uniform gesteckt und auf Patriotismus eingeschworen, kommt Italiens Jugend zwischen Laufspielen und Sportübungen nicht mehr zur Ruhe – und auch nicht auf andere Gedanken.

Mussolini spricht vom Palazzo Venezia (links) zu den aufmarschierten Schwarzhemden am siebten Jahrestag des Marsches auf Rom. 1929

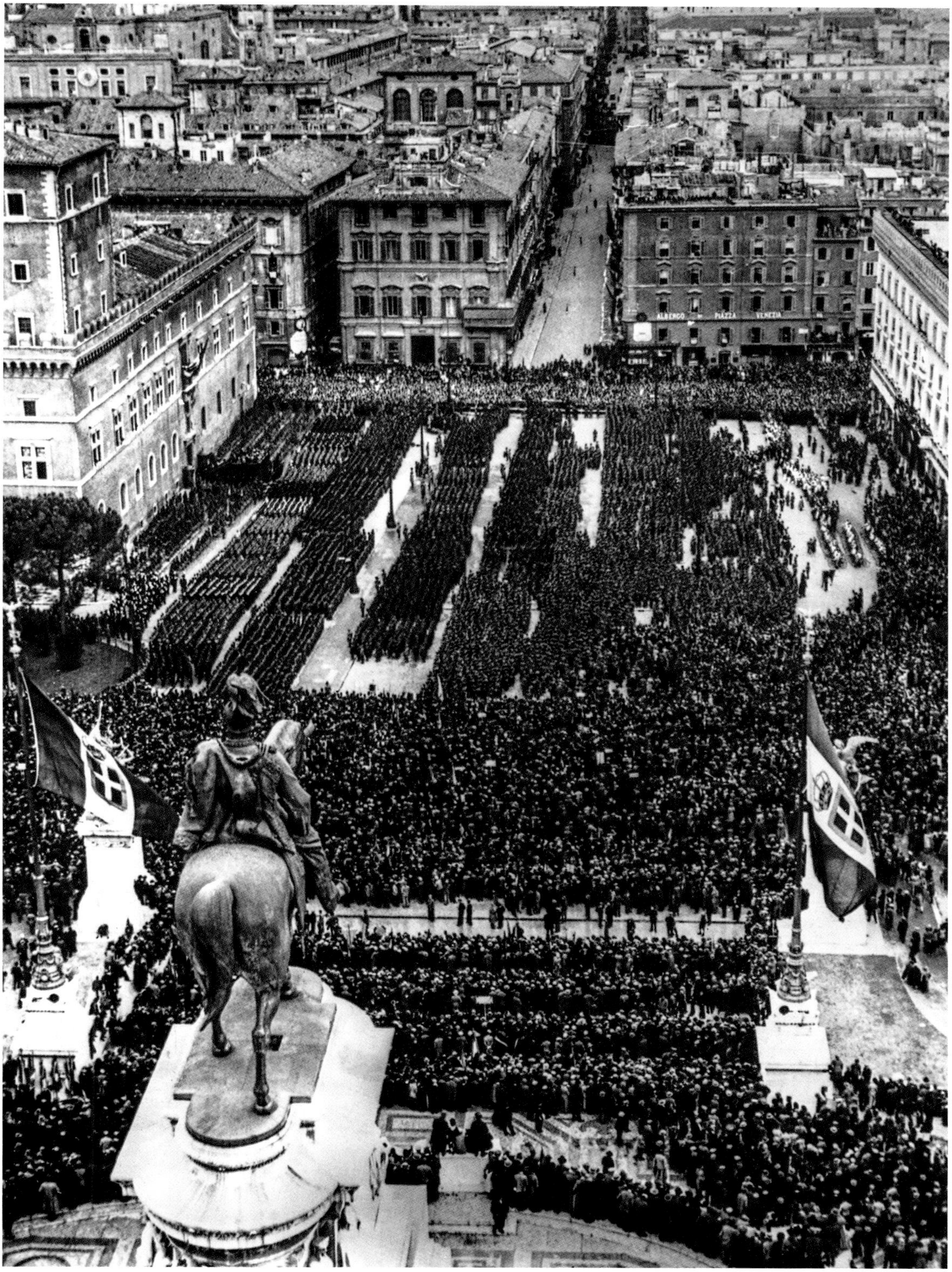
ALBERGO PIAZZA VENEZIA

IM RAUSCH DER GESCHWINDIGKEIT
DIE STRASSENRENNEN

Seit der Futurismus-Gründer Filippo Tommaso Marinetti in seiner Hymne „An das Rennautomobil" 1912 den „fernensüchtigen feurigen Gott aus stählernem Geschlecht" pries, gilt Italien als Heimat der Autorennen und der Rennautos. In Italien drängen sich die führenden Autohersteller wie Bugatti, Maserati, Ferrari und Alfa Romeo, die jedes Jahr schnellere, schmalere und windschnittigere Rennwagen konstruieren.

Kurz vor der Machtübernahme Mussolinis eröffnet im September 1922 die Rennstrecke in Monza mit gefährlichen Steilkurven, deren lange Geraden Orgien der Beschleunigung und Spitzengeschwindigkeiten und die bei den Zuschauermassen beliebten „Windschattenduelle" herausfordern. Der Faschismus propagiert neben Fliegerhelden Rennfahrer als moderne Ritter und Zweikämpfer unter Einsatz ihres Lebens, die wie Gladiatoren gefeiert und betrauert werden. Das Dröhnen der Rennmotoren und das pfeilschnelle Vorbeifliegen der Rennwagen gelten als Sound der Moderne. 1923 ist Monza auch Austragungsort des ersten Großen Preises von Europa, den künftig italienische Fahrer dominieren.

1925 erhält die Hauptstadt Rom ihr eigenes Straßenrennen mit dem Gran Premio di Roma, der anfangs noch Premio Reale di Roma heißt. Er ist zunächst ein Rennen Freier Formeln, also kann alles antreten, was Räder hat und ein Rennauto ist. Das Rennen wird in wiederholten Runden über Rundstrecken durch die Stadtteile und Außenbezirke von Rom ausgetragen, 1925 über die 11 km lange Strecke Monte Mario. Doch der Korso wechselt wegen der Bauarbeiten in der Hauptstadt mehrfach und die anfänglichen 424 km der Gesamtstrecke werden bis 1932 auf 240 km reduziert. Als 1928 der Flughafen Rom-Urbe im Norden der Stadt eröffnet, wird das Rennen auf der dort angelegten Dauer-Rennstrecke Pista del Littorio ausgetragen. Sieger sind die Fahrer der Marken Bugatti, Maserati und Alfa, die den Premio Reale auch als Test- und Vorführstrecke ihrer neuen Rennwagen nutzen. Begeisterte und anfeuernde Zuschauermassen kämpfen bereits in den frühen Morgenstunden um Plätze in der ersten Reihe.

1927 etabliert sich mit dem Mille Miglia ein echtes Straßenrennen mit hohem Eventcharakter: 1600 km geht es von Brescia aus im Dreieckskurs durch Norditalien bis nach Rom, wo die Fahrer wenden und zurück in den Norden fahren. Das Rennen führt in halsbrecherischem Tempo über unbefestigte Landstraßen mitten durch Ortschaften und Innenstädte, vorbei an Zehntausenden Zuschauern entlang der Strecken, und zwingt das flache Land in den Takt der Moderne und der Städte. Das Regime schließt ganz Italien mit dem Bau von Schnellstraßen an Rom an, damit wieder „alle Wege nach Rom führen".

Das Rennen zum ersten Großen Preis von
Europa in Monza. 1923

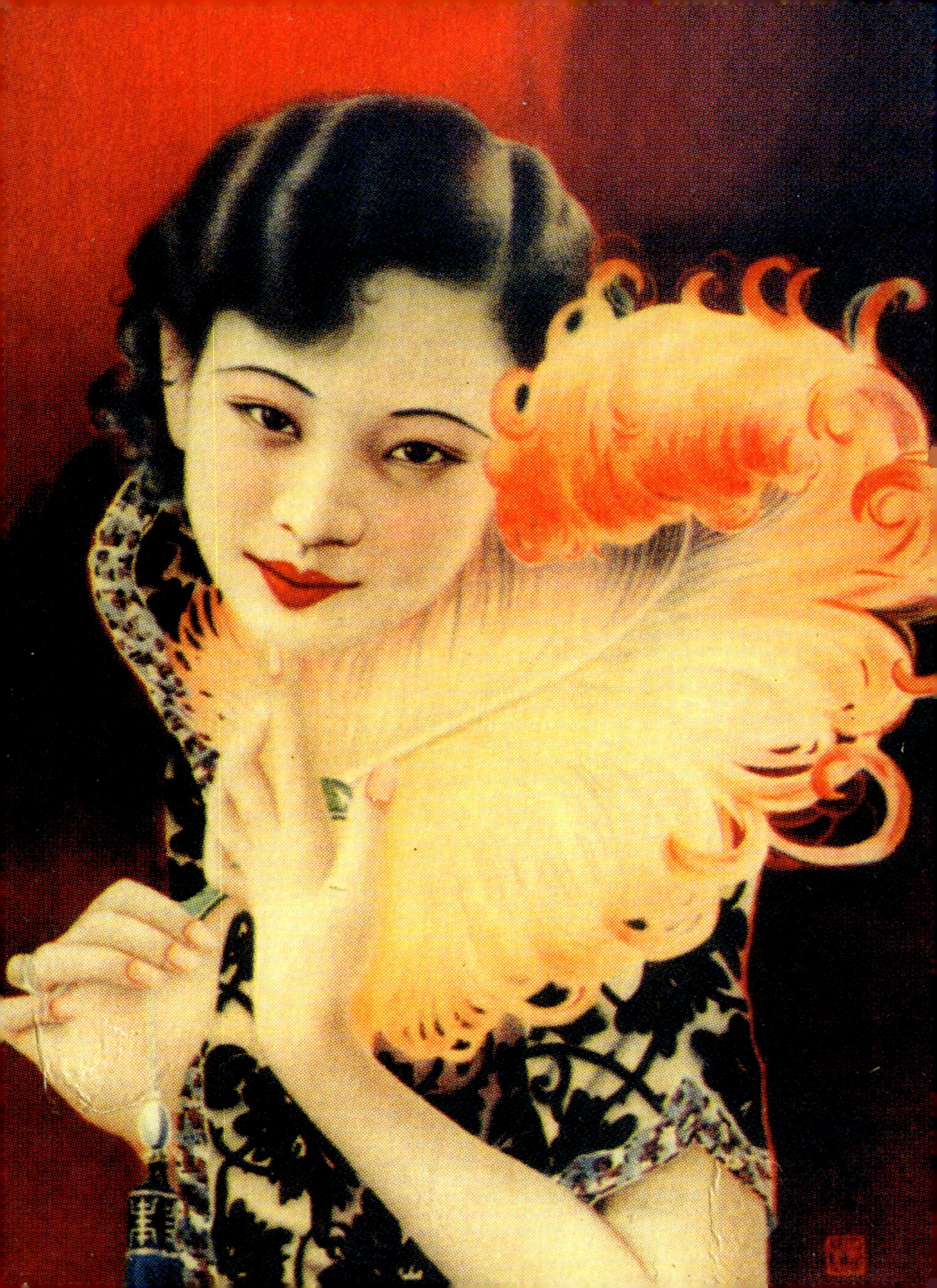

SHANGHAI
DAS PARIS DES OSTENS

Noch bevor das Festland selbst in Sicht kommt, erkennen erfahrene Seeleute an der Trübung des Meeres, dass sie sich Shanghai nähern: Sedimente aus dem Hochland von Tibet verfärben das Wasser. Die Hafenstadt liegt im Mündungsgebiet des Jangtsekiang, des längsten Flusses Asiens, der in Tibet entspringt und auf seinem Weg China in Nord und Süd teilt. Von der Flussmündung aus steuern Schiffe in den Nebenfluss Huangpu. Nach einigen Schleifen, während sich an den Ufern Hafenanlagen und Wohngebiete immer dichter drängen, gibt der Fluss den Blick frei auf eine einmalige Kulisse: An der Uferpromenade „Der Bund" (Abbildung Seite 175) reihen sich Gebäude in einem Stilmix von Neorenaissance bis Art déco, bekrönt von Kuppeln, Uhrtürmen und Pyramiden. Die Bankgebäude, Hotels, Konsulate und Apartmenthäuser erinnern noch heute an die gut einhundert Jahre zwischen den 1840er- und 1940er-Jahren, in denen Shanghai ganz wesentlich von westlichen Einflüssen geprägt war. Ein spezifischer Shanghai-Stil, chinesisch „Haipai", wurde in dieser Zeit zum Synonym für Offenheit und Modernität auf vielen Gebieten: Tanz, Mode, Musik, Moral und Sitten.

Mitte des 19. Jahrhunderts versucht die kaiserliche Regierung in Peking vergeblich, den Opiumhandel der Briten, der Millionen Chinesen in die Drogensucht treibt, zu unterbinden. Nach der Niederlage im Ersten Opiumkrieg muss China ab 1842/43 in verschiedenen „Ungleichen Verträgen" ausländischen Mächten Stützpunkte überlassen und Handelsrechte einräumen. Den

Briten folgen bald unter anderem Amerikaner und Franzosen, Russen und Deutsche und schließlich Japaner. In Shanghai entstehen neben der von einer nahezu kreisrunden Mauer umgebenen alten chinesischen Stadt exterritoriale Pachtgebiete, „Konzessionen" genannt, in denen Ausländer wohnen und Geschäften nachgehen. Briten, Amerikaner und andere vereinen ihre Gebiete 1863 zum „International Settlement"; nur Frankreich behält eine eigene Exklave, die dem französischen Generalgouverneur in Französisch-Indochina (dem heutigen Vietnam) untersteht. Das International Settlement wird von einem Stadtrat verwaltet, dem paritätisch besetzten Municipal Council. Erst Ende der Zwanzigerjahre finden hier auch reiche Chinesen Aufnahme.

Shanghai entwickelt sich schnell zum wichtigsten Warenumschlagplatz, Bankenzentrum und Industriestandort Asiens. Am Ende der Zwanzigerjahre ist der Hafen am Huangpu der fünftgrößte der Welt. Hier werden 30 % der Exporte und 51 % der Importe von und nach China abgewickelt.

Aufstände, Bürgerkriege und Umstürze in China, etwa die Taiping-Rebellion ab 1850, die über 20 Millionen Menschenleben kostet, treiben immer wieder neue Flüchtlingsströme unter den Schutz der ausländischen Mächte in Shanghai. So wird nach dem Opium die Immobilienbranche ein Haupterwerbszweig in dem völlig überfüllten Stadtgebiet. Mit Slums lässt sich ebenso Geld verdienen wie mit exklusiven Lagen. Grundstücke am „Bund" sind bald teurer als an der Fifth Avenue in New York oder den Pariser Champs-Élysées. Für die Ärmsten wachsen auf dem Huangpu und seinen Seitenarmen schwimmende Elendsquartiere. Als der Amerikanische Bürgerkrieg in den 1860er-Jahren den Baumwollexport aus den Südstaaten stoppt, kommen die chinesischen Produzenten im Delta des Jangtsekiang der Nachfrage entgegen. Und da es in Shanghai einen Überfluss an billigen und völlig rechtlosen Arbeitskräften gibt, entwickelt sich die Stadt schnell zu einem Zentrum der Textilindustrie. Tagelöhner, die Kulis, halten die Wirtschaft der Stadt am Laufen. Sogar Menschenhandel grassiert: Männer werden, nicht selten unter Zwang, nach Amerika verschifft, um auf Plantagen und Baustellen zu schuften; Frauen und Kinder enden in Fabriken und Bordellen. Nach dem Ersten Weltkrieg ist es dann der Waffenhandel, der in Shanghai einen besonderen Aufschwung erlebt. Die Warlords, die sich in der 1912 gegründeten chinesischen Republik bekämpfen, haben einen ständigen Bedarf an Kriegsmaterial. Und die diplomatischen Vertretungen in den Konzessionen verteilen großzügig Pässe und Visa, die den Schiebern Schutz vor Kontrolle und Strafverfolgung bieten.

Immer wieder sind die Probleme Chinas und der Welt ein Gewinn für Shanghai. Am Ende jedoch machen die Auseinandersetzungen nicht mehr an den Stadtgrenzen halt. Der Chinesische Bürgerkrieg nimmt 1927 seinen Anfang mit einem Massaker an Kommunisten in Shanghai. Und auch unter den Ausländern wachsen die Spannungen. Die Japaner stellen mittlerweile die größte Gruppe und verlangen nach entsprechendem Einfluss. Als 1937 der zweite Chinesisch-Japanische Krieg ausbricht, ist gleich zu Beginn die Schlacht um Shanghai eine der verlustreichsten des gesamten Konflikts. Am 8. Dezember 1941, einen Tag nach dem Angriff Japans auf die US-Marinebasis Pearl Harbor, der den Pazifikkrieg eröffnet, besetzen japanische Truppen das International Settlement. Das Zusammenspiel von West und Ost, das den besonderen Reiz der Stadt ausgemacht hat, endet abrupt.

KLEIN RUSSLAND

DIE WOLLÜSTIGEN VAMPIRE AUS WLADIWOSTOK

Wie der Korrespondent des *Daily Express* nach Hause berichtet, hängt Anfang der Zwanzigerjahre in den britischen Familien Shanghais der Haussegen schief: Ehefrauen fürchten die Konkurrenz der neu eingetroffenen russischen Emigrantinnen. Und ein britischer Richter vor Ort bestätigt, dass die immer zahlreicheren Scheidungen fast ausschließlich auf das Konto dieser „Vampire" gehen.

Mit dem massiven Zuzug von Russen erreicht das Nachtleben Shanghais eine neue Qualität und Intensität. Die kosmopolitische Millionenmetropole wird zur Hauptstadt des Jazz Age in Asien.

Im Russischen Bürgerkrieg nach der Oktoberrevolution von 1917 haben die „roten" Bolschewisten die „weißen" Zarenanhänger besiegt. Im Jahr 1922 müssen die Weißen Wladiwostok, ihren letzten Stützpunkt im Osten Sibiriens, räumen. Viele der nun staatenlosen Flüchtlinge ziehen sich ins benachbarte China zurück.

In Shanghai bilden die über 25.000 weißrussischen Emigranten bald die größte europäische Bevölkerungsgruppe. Die frankophonen Russen lassen sich vor allem in der französischen Konzession nieder. Das Viertel um die Avenue Joffre mit seinen russischen Geschäften und Restaurants, Hilfsvereinen und orthodoxen Kirchen wird bald „Petite Russie" genannt, kleines Russland. Ehemalige Militärangehörige heuern als Polizeikräfte an, schützen aber auch Gangsterbosse als Bodyguards.

Am stärksten macht sich der neue russische Einfluss im Kultur- und Nachtleben bemerkbar. Die hervorragend ausgebildeten russischen Künstler gründen Orchester sowie Tanz- und Schauspielschulen. Der Opernsänger Fjodor Schaljapin gibt Gastspiele, der Schauspieler und Sänger Alexander Wertinski lässt sich ganz in Shanghai nieder. Vor allem aber öffnen Hunderte Nachtklubs und Kabaretts ihre Türen, von schäbigen Räumen mit improvisierten Tanzflächen bis hin zu exklusiven Etablissements, die Tanzshows, Kostümpartys und die neuesten Hits aus amerikanischen Musicals darbieten. Studierte Tänzerinnen und Sängerinnen finden hier ein neues Publikum. Wer weniger Glück und Talent hat, arbeitet als „Taxi dancer", als Eintänzerin, die in erster Linie die männliche Kundschaft zu Bestellungen animieren soll. Der Übergang zur Prostitution ist fließend. Am unteren Ende der Amüsierskala stehen Massagesalons und Bordelle. Nach einer Erhebung aus dem Jahr 1930 prostituiert sich in Shanghai eine von 130 Frauen – keine andere Stadt erreicht einen so hohen Wert. Für die Russinnen, die meistens mehrere Verwandte versorgen müssen, ist eine Heirat mit einem Briten oder Amerikaner ein gesuchter Ausweg aus dieser prekären Situation.

Russische Emigrantinnen und Emigranten
mischen das Shanghaier Nachtleben auf.
Um 1930

SHANGHAI STYLE
KINOS UND KURTISANEN

Hu Die, genannt Butterfly Hu, Schauspielerin, Stilikone und It-Girl, posiert auf dem Cover der chinesischen Illustrierten *The Young Companion*. 1926

Das Markenzeichen von Hu Die, genannt Butterfly Hu, ist ihr Grübchen in der linken Wange. Sie gehört in den Zwanzigerjahren zu den ersten Filmstars Chinas. Zu dieser Zeit entwickelt sich Shanghai zum Zentrum der chinesischen Filmindustrie. Im Jahr 1927 arbeiten 151 Produktionsfirmen in der Stadt, aber auch die großen Hollywood-Studios unterhalten Dependancen und eigene Kinopaläste; schließlich wartet auf dem chinesischen Markt ein Millionenpublikum.

Der Erfolg Hu Dies und ihrer Kolleginnen, die sich ganz am Vorbild der Hollywood-Diven orientieren, steht für die Abkehr von alten Frauenbildern und Rollenvorstellungen. Shanghai ist die Stadt der Innovationen, immer offen für neue Einflüsse. Auf allen Gebieten steht der „Shanghai Style", abgekürzt „Haipai", gegen den traditionellen Geschmack etwa der Kaiserstadt Peking.

In der klassischen Chinesischen Oper werden auch die weiblichen Partien von Männern übernommen. Eng verbunden mit der Prostitution, gilt die Schauspielerei als unehrbar. Frauen kommen als Unterhalterinnen nur in den Teehäusern zum Einsatz. In Shanghai „Sing-Song-Girls" genannt, machen einige Karriere als Kurtisanen mit einer exklusiven Kundschaft.

Mit der Ankunft der russischen Emigranten (vgl. Seite 176) entwickelt sich eine vibrierende Nachtklub-Szene in Shanghai. Schnell steigen auch Chinesen in das Geschäft ein. Ihre Etablissements sind oft größer, greller und lauter als die der europäischen Konkurrenz. Und selbst die Sing-Song-Girls in den Teehäusern übernehmen westliche Melodien in ihr Repertoire.

Um die Kurtisanen und die Tänzerinnen in den Nachtklubs entsteht ein regelrechter Starkult. Sie zieren Kalenderposter und Werbeplakate, die Klatschblätter berichten jedes Detail aus ihrem Privatleben. Mit dem Aufkommen der Filmindustrie erobern die Schauspielerinnen die Cover der Magazine.

Diese erfolgreichen Frauen werden zum Vorbild vieler Chinesinnen. Tanzschulen und Schönheitssalons richten sich auf die Bedürfnisse der chinesischen „Modern Girls" ein. Ihr Markenzeichen ist der Cheongsam (Kantonesisch) bzw. Qipao (Mandarin), der von Shanghai aus seinen Siegeszug antritt. Das „lange Kleid" hat seinen Ursprung in den Mantelkleidern des Mandschu-Adels. Bisher unüblich für Han-Chinesinnen, ist der Cheongsam auch ein Symbol der Emanzipation. Neu sind die langen Schlitze an beiden Seiten, die die weiten Tanzschritte von Foxtrott und Charleston und noch dazu einen Blick auf die Beine erlauben. Dazu gehören Schuhe mit möglichst hohen Absätzen – vielleicht eine Reminiszenz an die früher so beliebten abgebundenen Lilienfüße.

THE YOUNG COMPANION
No. 1 February 15, 1926

folgende Doppelseite: Niemand kann sich Jazz Craze und Dance Madness entziehen: Die Frauen im modischen Cheongsam bzw. Qipao, die Männer pomadiert im Zweiteiler. Um 1926

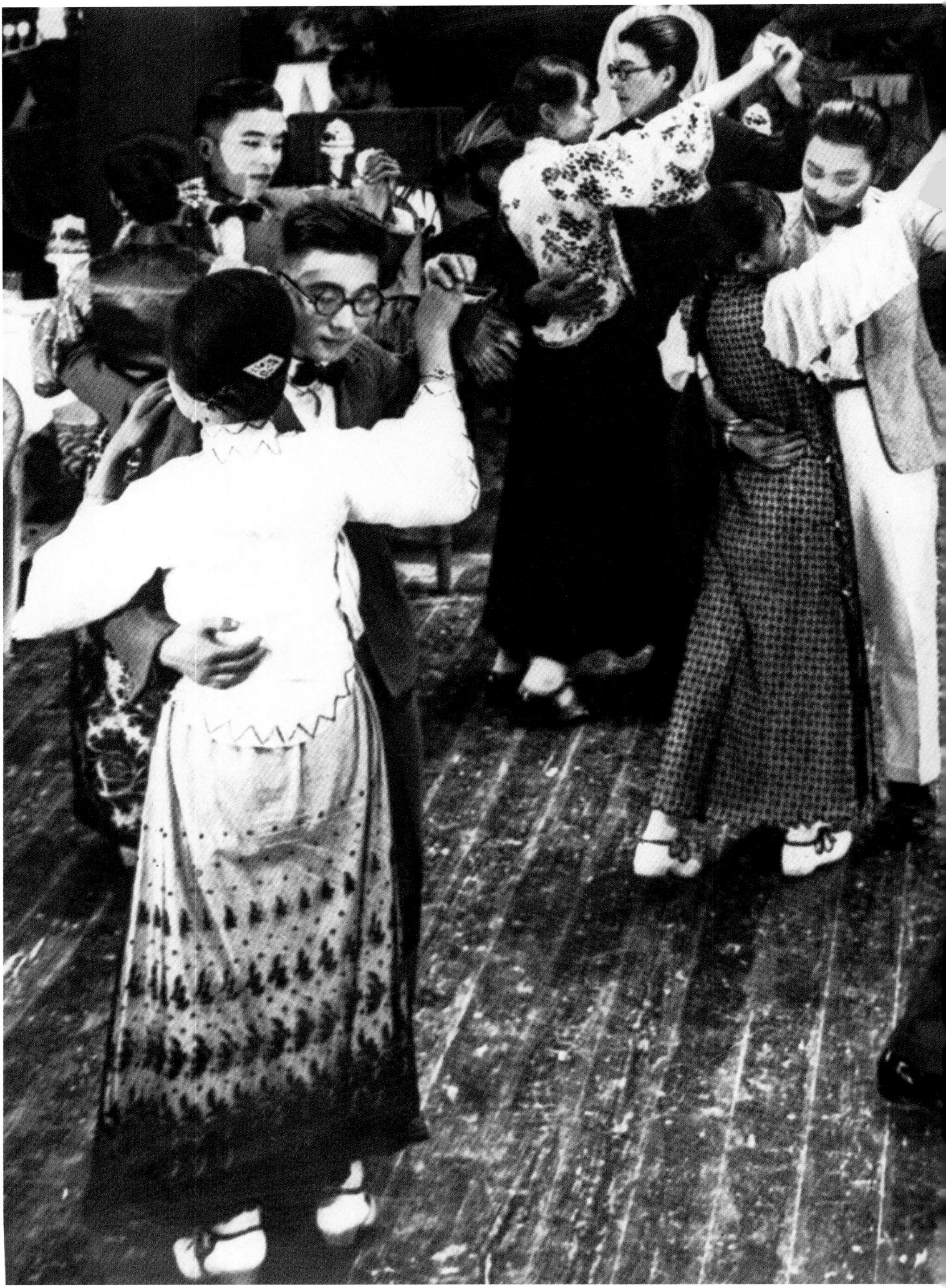

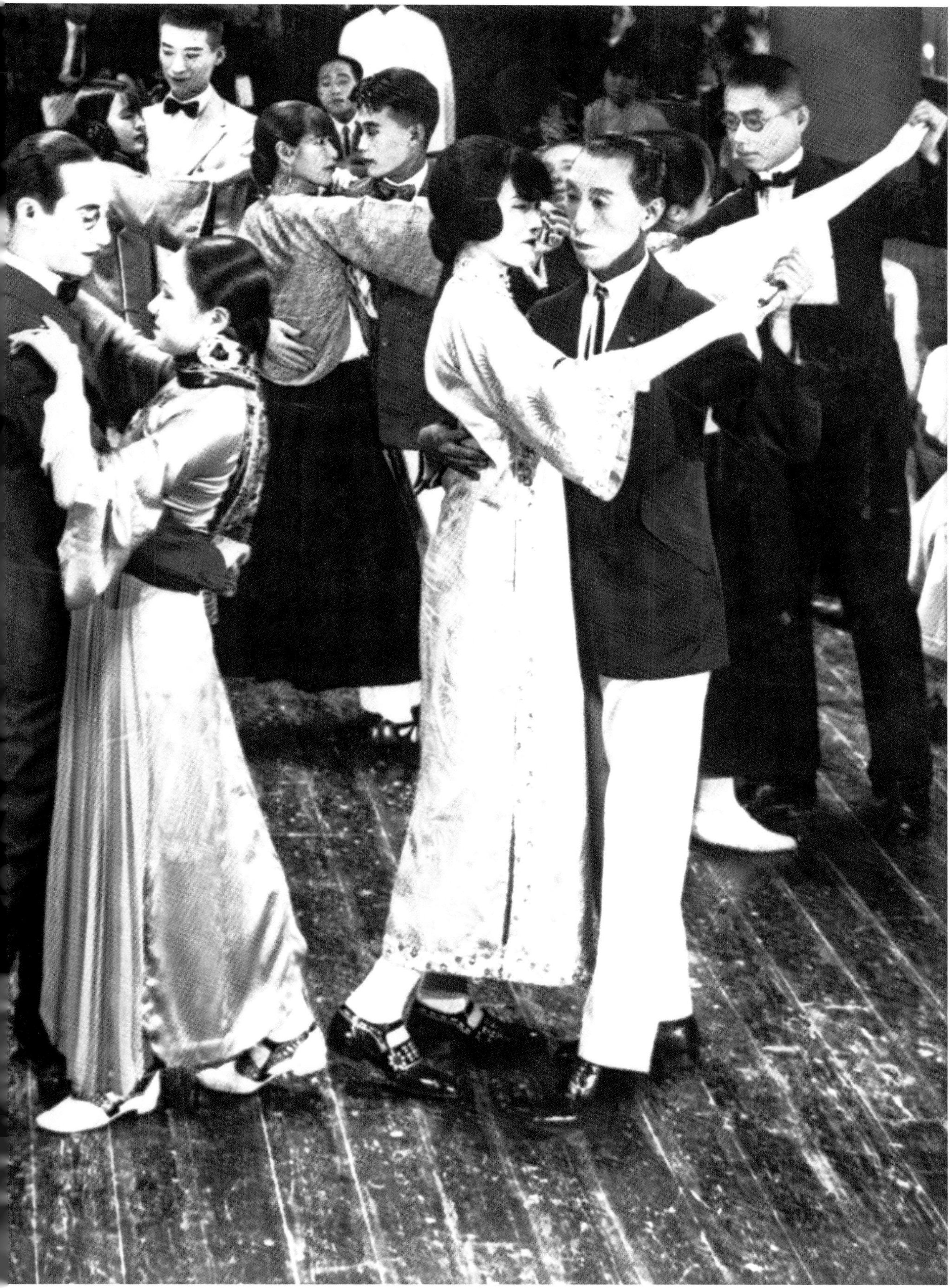

DIE GREEN GANG
POLITIK AUF DROGE

Im April 1927 rollen abgeschlagene Köpfe „wie Pflaumen" über die Straßen von Shanghai. Todesschwadronen machen Jagd auf Kommunisten. Tausende Menschen werden getötet, verletzt oder verschwinden für immer. Die Angreifer gehören zur Green Gang, einer kriminellen Geheimgesellschaft, angeführt von Huang Jin-rong und Du Yuesheng, genannt Pockennarben-Huang und Großohr-Du.

Politik und organisierte Kriminalität gehen in Shanghai schon immer Hand in Hand. Ihre führende Position als Handelsknotenpunkt verdankt die Stadt zuallererst dem Opiumhandel. Die Autonomie der ausländischen Konzessionen schützt vor Eingriffen der Regierung in Peking. Hinzu kommen Glücksspiel und Prostitution, die in der wachsenden Hafenstadt aufblühen. Eine effektive Strafverfolgung ist praktisch unmöglich, da die Befugnisse der verschiedenen Polizeibehörden jeweils an den Grenzen der chinesischen Stadt oder der beiden Konzessionen enden. Außerdem beschäftigen die ausländischen Mächte lokale Kriminelle als Polizeispitzel und Hilfskräfte; der Kriminelle Pockennarben-Huang steigt sogar zum Polizeichef der französischen Konzession auf.

Erst 1918 kann Peking ein Verbot des Opiumhandels erlassen, doch die Folgen sind ähnlich wie bei der Prohibition in den USA: In die Illegalität gedrängt, wird die Droge eine noch interessantere Geldquelle. So gilt Shanghai ab den Zwanzigerjahren als Welthauptstadt des Verbrechens und lässt „das Chicago von Al Capone wie ein biederes, frömmelndes Provinzstädtchen" aussehen. Für die Warlords, die sich in der neugegründeten Republik bekämpfen, sind Shanghai und die Gewinne aus dem Opiumhandel einträgliche Pfründe, die es im Verein mit der Green Gang zu sichern gilt.

Im Kampf gegen die Warlords schließen die nationale Volkspartei (Kuomintang) und die Kommunistische Partei ein fragiles Bündnis. In der Hoffnung auf Unterstützung durch die nationale Armee erheben sich 1927 in Shanghai Kommunisten, Gewerkschafter und Studenten gegen den lokalen Militärmachthaber. Doch der Erfolg der Linken lässt chinesische und ausländische Kapitalisten zusammenrücken. Hilfe finden sie bei dem korrupten General Chiang Kai-shek, dem Führer des rechten Flügels der Kuomintang. Dieser aktiviert seine früheren Kontakte zur Green Gang und überlässt Pockennarben-Huang und Großohr-Du die Drecksarbeit.

Für seine Dienste wird Großohr-Du von Chiang Kai-shek zum Generalmajor ernannt; 1931 wird der Gangsterboss selbst Chef der Anti-Opium-Behörde. Das Massaker von Shanghai leitet den Chinesischen Bürgerkrieg zwischen Nationalisten und Kommunisten ein, der bis 1949 währt.

Huang Jin-rong (links), Zhang Xiaolin (Mitte)
und Du Yuesheng (rechts) gehören zu den
Anführern der berüchtigten Green Gang.
Um 1925

東中野駅
東口前

ムサシケ
電話中野三九

TOKIO
JAPANS WEG IN DIE MODERNE

Tokio ist mit dem Aufstieg Japans zur modernen Großmacht des Ostens aufs Engste verbunden. Die Stadt war unter dem Namen Edo („Flusstor") zwischen 1603 und 1867 Residenz der japanischen Regenten, der Shogune aus dem Hause Tokugawa, und bereits damals eine der größten Städte der Welt und vor allem durch traditionelle Herrschaftsarchitektonik geprägt.

1868 reißt der Meiji-Kaiser Mutsuhito (1852–1912) die Herrschaft an sich und begründet die Meiji-Epoche als forcierten Sprung in die Moderne auf allen Lebensgebieten, bedingt auch durch die gewaltsame Öffnung der japanischen Häfen für den Welthandel durch die „Schwarzen Schiffe" der US-Amerikaner 1853. Dabei verbindet sich die Orientierung an modernen Verfassungen und Lebensstilen mit einem übersteigerten, religiös aufgeladenen Nationalismus und aggressivenm Imperialismus, wie er 1905 in der Besetzung Koreas und dem Sieg über das Russische Zarenreich zum Ausdruck kommt. Der Meiji-Tenno macht Edo wieder zur kaiserlichen Residenz und Landeshauptstadt und gibt der Stadt den Namen Tokio, was „Östliche Hauptstadt" bedeutet.

Die führenden Politiker orientieren sich nicht nur mit der Meiji-Verfassung von 1889 an Preußen, sondern wollen auch eine hauptstädtische Architektur nach europäischem Vorbild. Den Startschuss liefert der Großbrand der Stadtbezirke Ginza und Marunouchi 1872, nach dem unter Leitung britischer Stadtplaner ein übersichtliches Straßennetz nach Londoner Vorbild mit kompakten Reihenhäusern nach Pariser Vorbild angelegt wird. Traditionelle japanische Wohnhäuser, Lagerhallen und Magazinbauten werden in die oft engen Seitenstraßen abgedrängt, während die großzügigen Magistralen europäischen Baustilen vorbehalten bleiben. Prestigeobjekte, Museums- und Theaterbauten, Restaurants und Cafés, Parkanlagen und der Ueno-Zoo runden das Bild ab. Die neue Stadtentwicklung begünstigt die Verbreitung des aufkommenden Autoverkehrs und den Bau zentraler Eisenbahnverbindungen, die nach 1900 mit modern gestalteten Bahnhöfen in den städtischen Verkehrsfluss integriert werden, und lockt Hunderttausende in die Großstadt. Tokio wächst rasant von knapp 600 000 Einwohnern 1872 über 1,12 Millionen 1887 auf 2,17 Millionen Einwohner im Oktober 1920.

Die Taisho-Periode des gemütskranken Kaisers Yoshihito (reg. 1912–1921/26) bringt nach dem Ersten Weltkrieg eine gewisse Entspannung der nationalistischen Staatsideologie und eine kulturelle Öffnung zur Nachkriegs-Moderne mit Lust am Experimentellen und Unerhörten, an Provokation und Selbstverwirklichung, an Debatten und Streitkultur mit sich, die die Zwanzigerjahre weltweit und auch Japan und besonders die Hauptstadt Tokio prägen. Politisch drängen aufkommende Parteien nach westlichem Vorbild, sich formierende Gewerkschaften, modernistische Ideen und liberale Gesellschaftsmodelle die Macht des Tennos in den Hintergrund, für den ab 1921 sein Sohn Hirohito (1901–1989), der spätere Showa-Kaiser, zunächst vorsichtig regiert und der gesellschaftlichen Entwicklung bis Anfang der 30er ihren Lauf lässt.

Das verheerende Kanto-Erdbeben vom 1. September 1923 mit anschließendem Großfeuer bildet den größten Einschnitt in der neueren Stadtgeschichte Tokios. Vollständig zerstört werden die Stadtteile mit den engen alten Holzbebauungen, während die modernen Stahlbeton-Bauten nach europäischen Vorbild Beben und Feuer weitgehend unbeschadet überstehen. Die Stadtplaner begreifen bei aller Erschütterung über Hunderttausende von Opfern und Obdachlosen die Naturkatastrophe auch als Chance, die Errichtung einer modernen Hauptstadt endlich flächendeckend ins Werk zu setzen. Beim sofortigen Wiederaufbau erhält Tokio zwischen 1923 und 1930 über 200.000 neue Häuser im modernen Stil, aus modernen Materialien und nach damals neuesten Sicherheitsstandards. Hinzu kommt die moderne Neugestaltung öffentlicher Plätze wie Foren, Markthallen, Einkaufszentren, Brücken und Türme. Der Wiederaufbau nach dem Kanto-Erdbeben lässt Tokio endgültig in den Kreis der modernen Weltmetropolen eintreten. Die gepflegte Kleidung der modernen Großstädter bis hin zu Frack und Zylinder der Staatsmänner ist bewusst westlich ausgerichtet (Abbildung oben: Werbeanzeige von Shiseido, um 1927).

Japans Gesellschaft der 20er indes streitet erbittert und emotional über einen eigenen oder einen an die Errungenschaften des Westens angelehnten Weg ins 20. Jahrhundert, während die künstlerische und modische Avantgarde bewusst den Kontakt mit den wegweisenden Strömungen vor allem in Europa sucht. Japans Künstler und Baumeister reisen ausgiebig in die Metropolen Europas und der USA und tragen zahllose Ideen und Anregungen in ihre Heimat, die sie auf originelle Weise mit Elementen japanischer Tradition mischen.

Bevor 1932 die Militärs in den „Kabinetten der nationalen Einheit" die Macht übernehmen und eine Phase der kulturellen Restriktionen und der aggressiven nationalen Rückbesinnung mit dem Austritt aus dem Völkerbund (1933) einleiten, sind die Zwanzigerjahre in Japan eine Zeit der Experimente, der kulturellen Vielfalt und der offenen Debatten.

MODAN GARU

JAPANS MODERN GIRLS

In keinem Bereich wird der Einbruch der internationalen Moderne in die japanische Gesellschaft zu Beginn der 20er augenfälliger als in der Wandlung der Frauenrolle. Als Modan Garu oder kurz „Moga" bezeichnen sich Japans Modern Girls, wobei „modan" für „modern" als Neologismus auch in anderen Bereichen in die japanische Sprache einwandert. Mogas kleiden sich in luftige, auch kurze Kleider, tragen Pumps, tauschen die traditionellen langen Haare gegen einen Kurzhaar-Bob, schminken sich, rauchen, besuchen alleine oder in Gruppen Bars und Cafés, treten kess auf, hören Jazz, besuchen Kinos mit westlichen Filmen und bestehen auf emotionaler, sexueller und finanzieller Unabhängigkeit. Sie strömen in die Großstädte, lernen Fremdsprachen, nehmen sich eigene Wohnungen und verdienen eigenes Geld, zumeist als Industriearbeiterinnen, das sie für moderne Konsumgüter ausgeben. Mogas propagieren, eigentlich unpolitisch, den Hedonismus der Konsumwelt und des Shoppings, präsentieren neueste Bademoden am Strand und orientieren sich modisch an den Zentren Europas.

Die 1922 gegründete Zeitschrift *Josei* (Frau) wird zum Wegweiser der Modan Garu, gibt Modetipps und propagiert den Lifestyle eines bunten, aufregenden Laissez faire. Da die völlige Selbstbestimmung in allen Lebensbereichen zum großen Thema wird, bekennen sich zahlreiche Mogas zu freier Liebe, zum „Gelegenheits-Sex" und zur aktiven Wahl ihrer Sexualpartner. Gerade dieser Aspekt führt zur scharfen Kritik der Bewegung als unmoralisch, promisk und „unjapanisch" durch konservative Kräfte.

1924 veröffentlicht der bekannte japanische Schriftsteller Jun'ichiro Tanizaki seine Novelle *Naomi* über ein ungebildetes 15-jähriges Mädchen, das sich von einem fast doppelt so alten Mann in den modernen westlichen Lebensstil einführen lässt. Dieser macht aus ihr zunächst eine Kopie des Stummfilm-Stars Mary Pickford, doch Naomi emanzipiert sich, ist sexuell aktiv und wird schließlich zum dominanten Part der Beziehung. Die Novelle ist bereits bei ihrem Erscheinen die „Bibel" der Moga-Bewegung und löst eine Gesellschaftsdebatte aus.

Mit dem Staatsstreich der Militärs 1931/32 und der Dominanz der extremen Nationalisten sagt die politische Elite den vorherrschenden westlichen Einflüssen den Kampf an, unterbindet auch das Auftreten der Modan Garu und propagiert wieder das Frauenbild der traditionellen Familienmutter.

Drei selbstbewusste „Mogas" verbinden moderne, westlich orientierte Kleidung mit traditionellen japanischen Accessoires. Tokio, um 1923

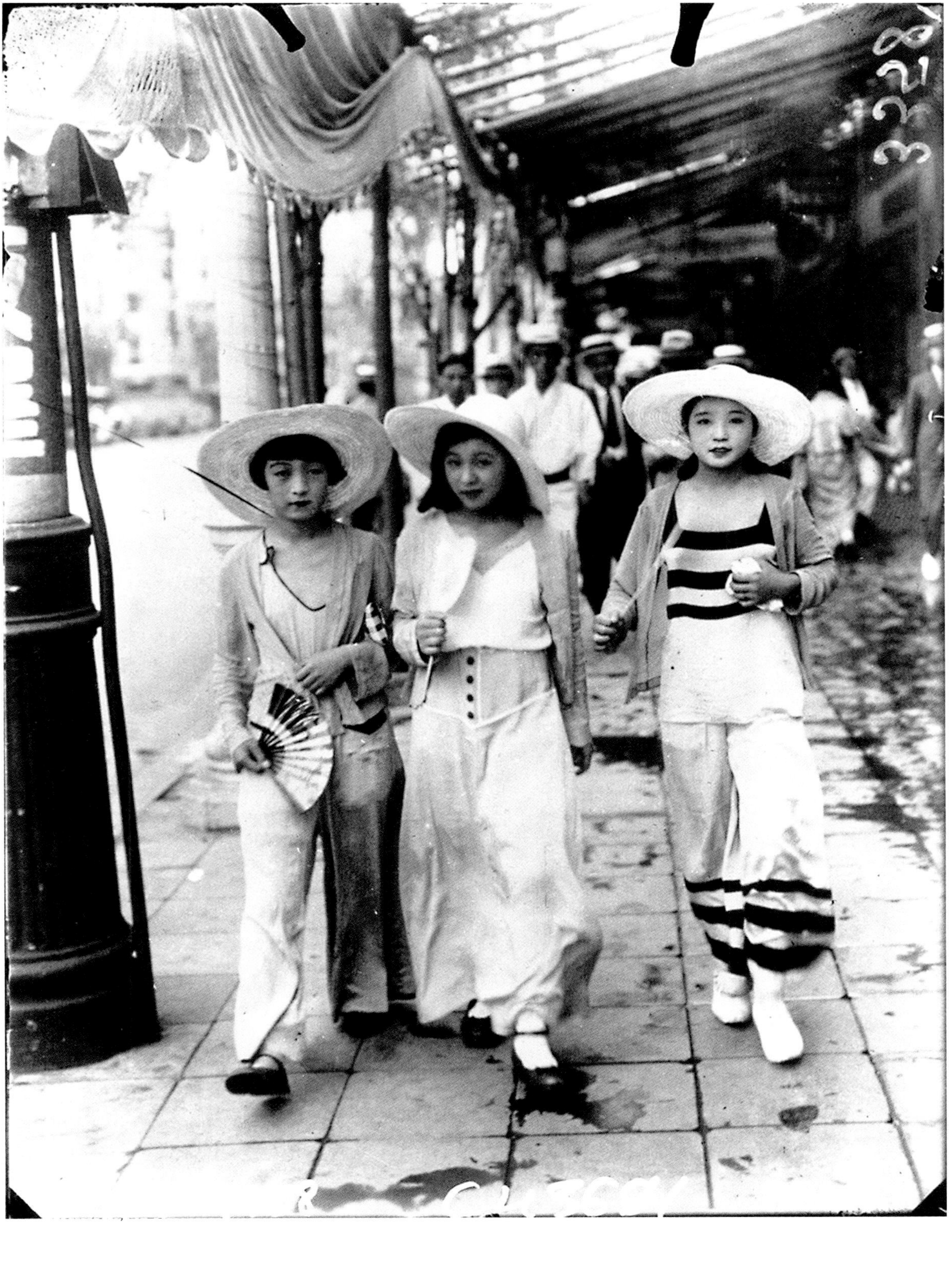

KATASTROPHE UND BEGINN DER MODERNE

DAS KANTO-ERDBEBEN

Tokio besitzt Anfang der 20er noch ganze Stadtviertel in der traditionellen engen Holzbauweise, doch seit den 1890er Jahren auch erste Backsteinbauten im europäisch-amerikanischen Stil, darunter das erste Hochhaus Tokios. Die neuen Gebäude sind wegen der Erdbeben-Häufigkeit in Japan umstritten.

Am 1. September 1923 zerstört das Große Kanto-Erdbeben mit einer Stärke von 7,9 und anschließender Tsunami-Welle die Hafenstadt Yokohama und große Teile Tokios. Da das Beben um 11:58 Uhr erfolgt, sind in den Häusern die durch Holz und Gas betriebenen Herde für das Mittagessen angefacht, wodurch die sofort entstehenden Brände als Feuerwalzen durch die Bezirke fegen. Die Stadtteile Nihonbashi und Kanda sind rauchende Trümmerwüsten, im Bezirk Hondo verbrennen über 30.000 Menschen, die in einem Militärdepot Schutz suchen. Anschließend lyncht der panische Mob knapp 300 als Plünderer verdächtigte Koreaner. Insgesamt fordern Beben und Brände über 105.000 Todesopfer unter den 2,3 Millionen Einwohnern Tokios, etwa 1,9 Millionen Menschen sind obdachlos.

Es zeigt sich, dass nicht nur die traditionellen Holzbauten, sondern auch die Backsteinbauten inklusive des Hochhauses dem Beben nicht standhalten. Nur einzelne Gebäude aus Stahlbeton haben Beben und Bränden widerstanden. 12 Tage später ergeht ein kaiserliches Edikt, wonach Tokio Hauptstadt bleibt, jedoch nicht einfach wiederaufgebaut wird, sondern „eine neue Ordnung" geschaffen werde, „die eine Entwicklung in die Zukunft ermöglicht". Die Regierung stellt 1,5 Milliarden Yen für ein umfassendes Aufbauprogramm zur Verfügung, große Hilfsgelder kommen außerdem aus den USA. Für die Anlieferung von Hilfsgütern und für andere Transportaufgaben wird quasi über Nacht das bis dahin in Japan seltene Automobil zum unverzichtbaren Verkehrsmittel.

Bis etwa 1930 entsteht in zügigem Tempo das moderne Tokio mit seinen Zweckbauten in Stahlbeton; vor allem öffentliche Gebäude wie Krankenhäuser, Wasserwerke, Schulen (von denen 106 neu errichtet werden), Einkaufszentren und der Tsukiji-Fischmarkt als weltweit größter Fischmarkt im Stil der neuen Sachlichkeit werden mit Erdbeben-Sicherungen versehen. Die Stadtplanung erweitert Straßen und Verkehrsanlagen, errichtet moderne Stahlbeton-Brücken, sorgt für Sicherheitsabstände und versucht den Neubau verwinkelter Holzbauten durch Privatleute zu verhindern. Zudem erhält Tokio großzügig gestaltete öffentliche Parks und Grünanlagen. Bewusst sucht die Verwaltung den gestalterischen Anschluss an die führenden Städte der Moderne und so steigt Tokio zur modernen Millionen-Metropole auf.

Blick auf den durch Erdbeben und Feuer zerstörten Kanda-Distrikt Tokios; nur die modernen Stahlbeton-Bauten sind stehen geblieben. 1923

DIE ARCHITEKTENGRUPPE BUNRIHA
DIE SEZESSIONISTEN JAPANS

In der Meiji-Epoche ändert sich nicht nur die Politik, sondern auch der Lebensstil der Menschen und schneller noch als dieser verändert sich sogar die Architektur. Planer und Architekten verabschieden sich von der herkömmlichen Holz- und Bambusbauweise und von der traditionellen Gebäudetypologie. Neue öffentliche Bauten wie Amtsgebäude, Schulen und Bibliotheken entstehen jetzt im westlichen Stil, durchsetzt mit landestypischen Elementen. Ab 1918 dominiert die amerikanische Architektur, besonders spektakulär sind Frank Lloyd Wrights Imperial Hotel in Tokio im Maya-Pyramiden-Stil von 1923/24 und das Yodoko Guest House in Kobe. Viele namhafte Architekten Japans lassen sich stark von Wright beeinflussen und arbeiten mit ihm zusammen. In den 30ern gestaltet auch Bruno Taut in Japan.

1920 gründen sechs junge Architektur-Absolventen die „Bunriha Kenchiku Kai", die „Gruppe der sezessionistischen Architekten", als erste Arbeitsgemeinschaft dezidiert modernistischer Bauplaner in Japan. Sie lassen sich von der Wiener Sezession beeinflussen, die namensgebend wird, von Expressionismus und Bauhaus. Sie verbinden internationale Baustandards mit bestimmten japanischen Stilelementen. Ihr expressives Manifest, das mehrfach mit der Formel „Wir stehen auf!" die traditionelle ästhetische Architektur angreift und sich zu Bauhaus, Taut, Gropius und Le Corbusier bekennt, tritt eine umfassende Kulturdebatte los.

Anhand der Thesen der Bunriha-Architekten bricht der seit den 1890er Jahren in der japanischen Architektur schwelende Streit zwischen den Vertretern von Struktur und Funktionalität und den Exponenten von Ästhetik und Ornament offen aus und führt zu einer japanischen Variante des Kampfs um die Moderne, wie er zeitgleich in anderen Ländern ähnlich geführt wird. Er kulminiert hier in der Frage, in wie weit moderne Architektur gestalterische Ideen des Zeitgeistes und Einflüsse aus der bildenden Kunst aufnehmen soll und ob Baugestaltung sich nicht vielmehr der maximalen Funktionalität verschreiben soll. In diese Debatte schalten sich auch Politik, Kulturkritik und Wissenschaft ein, womit sie sich zu einer Diskussion über die Gestaltung Japans in der Nachkriegs-Moderne ausweitet.

Sutemi Horiguchi, der theoretische Kopf der Bunriha, erbaut den Elektrik- und den Maschinen-Pavillon für die Tokioer Friedensausstellung von 1922 und setzt auf elegante Funktionalität. Anschließend bereist er für zwei Jahre Europa, um vor allem die führenden deutschen Architekten der Moderne zu treffen; von dort bringt er die Idee des Gesamtkunstwerks mit nach Japan. Der Radikalismus der Bunriha erlahmt nach 1928, doch viele ihrer Ideen werden zu Standards der modernen japanischen Architektur.

Das von Bunriha-Mitglied Kikuji Ishimoto gestaltete Shirokiya-Großkaufhaus im Tokioter Geschäftsviertel Nihonbashi, erbaut 1927–31

ZUM 5 UHR TEE
FIVE O'CLOCK TEA

WIEN

FLAGGSCHIFF DER SOZIALEN MODERNE

Bis zum erzwungenen Thronverzicht Kaiser Karls I. im November 1918 ist Wien die glanzvolle Metropole und das Verwaltungszentrum der Donaumonarchie. Genau das erweist sich nach dem Auseinanderbrechen des Vielvölkerreichs als Problem: Wien ist zu groß für das geschrumpfte Österreich und ein überbordender Verwaltungs-Wasserkopf, der abgespeckt werden muss. Um Eigenständigkeit zu erlangen, wird Wien 1920 zum eigenen Bundesland erklärt und 1922 ganz aus Niederösterreich herausgelöst.

Damit beginnt die politische Eigenentwicklung Wiens, wo bereits 1919 die Sozialdemokraten unter Jakob Reumann mit absoluter Mehrheit das Rathaus und die Regierung des neuen Bundeslandes übernehmen und mit straffen Sozialprogrammen beginnen, das „Rote Wien" als Musterstadt sozialdemokratischer Reformpolitik in Europa aufzubauen.

Wien weist extreme soziale Unterschiede auf. Mit der rapiden Stadterweiterung ab den 1850er-Jahren werden die alte Stadtmauer abgetragen und die Vorstädte eingemeindet; an ihrer Stelle wird die berühmte Ringstraße mit ihren historistischen Palais und vier- bis sechsstöckigen Bürgerhäusern angelegt, die zur Repräsentationsmeile Wiens wird. Eine andere Welt dagegen die dunklen Arbeiterquartiere, Armenküchen und Männer-Wohnheime in engen, schmutzigen Gassen, die durch die Industrialisierung einen immensen Zuzug aus den östlichen Teilen der Donaumonarchie vor allem an Tschechen und Ostjuden erhalten und von der überforderten Stadtregierung durch „Armenräte" betreut werden. Die Bevölkerung verdoppelt sich zwischen 1870 und 1910 von 1 auf 2,1 Millionen, wobei der Zuzug der unteren Bevölkerungsschichten fast unkontrolliert erfolgt.

Sozialreform tut dringend not, als die Sozialdemokraten das Ruder übernehmen und die Wohnungsnot zu ihrem dringendsten Problem erklären. Eine Wohnungszählung Ende 1917 ergibt, dass 95 % aller Wohnungen Wiens ohne Wasserleitung und 92 % ohne eigene Toilette sind. Arbeiterwohnungen betragen im Schnitt 20 m² für ganze Familien, 58 % der Arbeiter haben keine eigene Wohnung, sondern mieten als Schlafgänger – wienerisch „Bettgeher" – nur ein Bett in einer Wohnung. Die hygienischen Zustände in den ärmeren Stadtteilen sind katastrophal, Tuberkulose, Keuchhusten oder Krätze bei Arbeiterkindern die Regel.

Besonders Reumanns Nachfolger Karl Seitz, Bürgermeister ab 1923, nimmt Großprojekte des Gemeinde-Wohnungsbaus in Angriff, die im Karl-Marx-Hof kulminieren. Seitz und drei seiner Stadträte verpassen Wien ein völlig neues, reformorientiertes Gesicht.

Julius Tandler, Stadtrat für Wohlfahrt und Gesundheit, errichtet Familienzentren, Tuberkulose- und die ersten Krebs-Vorsorgestationen, Mütter- und Eheberatungsstellen sowie Ausgabestellen für Kindernahrung und reformiert das Gesundheitswesen. Finanz-Stadtrat Hugo Breitner setzt ein progressives Steuersystem im Sinne einer Reichensteuer durch und erhebt Wohnbausteuern zur Finanzierung des sozialen Wohnungsbaus sowie Vergnügungssteuern auf Luxuswaren. Die „Breitner-Steuern" finanzieren den sozialen Umbau Wiens.

Schul- und Bildungs-Stadtrat Otto Glöckel propagiert die Gesamtschule für 10- bis 14-jährige, kämpft für eine strikte Trennung von Staat und Kirche, drängt die katholische Kirche aus dem Schulsystem hinaus und stellt – damals einmalig – die Teilnahme am Religionsunterricht frei.

Ein neuartiges Konzept verfolgt die „Sozialdemokratische Kunststelle" in der Sonnenhofgasse. Sie sieht ihre Aufgabe darin, „dem Kunstwillen des Volkes Wirkung und Verwirklichung zu schaffen". Da alle Volksschichten Anspruch auf Kunst haben, muss sie auch allen Schichten zugänglich sein. Die Kunststelle veranstaltet Konzerte in den Arbeiterbezirken, die viel beachteten „Arbeiter-Sinfoniekonzerte", die der experimentelle Zwölfton-Komponist Anton von Webern leitet. Durch die Arbeiter-Sinfoniekonzerte wird der damals als revolutionär geltende Gustav Mahler zum meist aufgeführten modernen Komponisten. Die Kunststelle organisiert Ausstellungen, Museumsführungen und Dichterlesungen, für die sie die bedeutendsten Künstler und Literaten Wiens gewinnt, und vermittelt einkommensschwachen Schauspiel- und Kino-Begeisterten verbilligte Theater-Eintrittskarten, indem sie sich für jede Wiener Aufführung ein bestimmtes Kontingent sichert.

Die Spannungen zwischen dem Roten Wien und den christlich-konservativen Bundesregierungen entladen sich in der Julirevolte 1927 (Abbildung oben), als eine aufgebrachte Menschenmenge den Wiener Justizpalast nach dem Freispruch dreier rechtsnationaler „Frontkämpfer" stürmt und niederbrennt, die Sozialdemokraten angegriffen und Tote hinterlassen hatten. Als Bürgermeister Seitz einen Waffeneinsatz gegen die Menge verweigert, rüstet Bundeskanzler Schober die Polizei aus Heeresbeständen aus und lässt in die Menge feuern. 89 tote und 548 verwundete Zivilisten sind die Bilanz, auch Hunderte Polizisten werden verletzt.

Seither sind Seitz und seine Stadträte die Hassfiguren der Konservativen wie der nationalen Rechten. Gegen die Übergriffe der nationalistischen Heimwehren stellen sie den schlagkräftigen Republikanischen Schutzbund auf und halten sich die Reaktion lange vom Leibe. Erst beim faschistischen Putsch von Engelbert Dollfuß werden 1934 alle verhaftet und ins Exil getrieben.

SOZIALER WOHNEN
DER KARL-MARX-HOF

Der Bau großer städtischer Wohnanlagen innerhalb des sozialen Wohnungsbaus ist das besondere Anliegen von Bürgermeister Karl Seitz und seinen Stadträten; Seitz selbst war aus sozialer Not seiner Familie im Waisenhaus aufgewachsen. 1921–24 entsteht in Meidling die Anlage Fuchsenfeldhof mit vier Höfen, 481 Wohnungen und Sozialeinrichtungen, 1924–25 die daran anschließende Anlage Reismannhof mit 604 Wohnungen, Ladenzentren und Kindertagesstätte. 1924–26 wird am Margaretengürtel der nach Bürgermeister Reumann benannte Reumannhof mit 478 Wohnungen und 19 Geschäftslokalen errichtet. Alle Sozialhöfe werden mit neuester Infrastruktur versehen.

Seitz' Prestigeprojekt unter den städtischen Bauten ist der Karl-Marx-Hof im 19. Wiener Bezirk Döbling. Bis heute ist er die größte zusammenhängende Wohnanlage der Welt. Stadtbaurat Karl Ehn, bereits für mehrere Wohnanlagen verantwortlich, errichtet zwischen 1927 und 1930 auf einem 156.000 m² großen städtischen Areal die rund 1100 m lange Wohnanlage mit 1382 Wohnungen für etwa 5000 Bewohner, die man durch mächtige, 16 m hohe Torbögen betritt und die einen aufwändig gestalteten Ehrenhof in der Mitte hat. Nur ein knappes Viertel des Areals ist mit Gebäuden bebaut, der Rest ist Garten- und Spielfläche.

Der am 12. Oktober 1930 eingeweihte Komplex enthält eigene Ladengeschäfte, Arztpraxen, Apotheken, ein Postamt, Schwimmbäder, zentrale Wäschereien, Kindergärten und eine Bibliothek und erregt seinerzeit internationales Aufsehen. Alle Wohnungen besitzen eigenes WC und fließend Wasser und unterscheiden sich in ihrer lichten Bauweise deutlich von den engen und dunklen Mietskasernen. Stadtplaner aus den Großstädten der Welt kommen nach Wien, um Anregungen zu sammeln. 1930 erhalten die Rundbögen der Tore des Mitteltrakts feingliedrige Figuren des Bildhauers Josef Riedl, die Aufklärung, Befreiung, Kinderfürsorge und Körperkultur darstellen, womit das Programm der Wiener Stadträte bildlich wird. Insgesamt erbauen die Verantwortlichen des „Roten Wien" bis 1934 etwa 63.000 Sozialwohnungen. Damit kann sich Wiens soziales Bauprogramm jedenfalls im Verhältnis neuer Wohnungen zur Gesamteinwohnerzahl der Stadt mit der ebenfalls groß angelegte Schaffung von günstigem Wohnraum in Berlin messen, wo beispielsweise Bruno Taut zeitgleicht zu den Wiener Karl-Marx-Höfen u.a. die Hufeisensiedlung baut (vgl. Seite 42).

Die Fassade und der weiträumige Innenhof
des Karl-Marx-Hofs

ERFORSCHUNG DES SEELENLEBENS
SIGMUND FREUD

Seit 1891 lebt und praktiziert Sigmund Freud im Wiener Alsergrund in der berühmten Berggasse 19, bis die Nazis den Todkranken 1938 ins Exil treiben. Seine ersten psychoanalytischen Arbeiten zur Verführung, zum Ödipuskomplex und zu triebhaften Wünschen werden noch heftig angefeindet. Eine obszöne Sexualisierung des Menschen werfen Kritiker ihm vor, wobei sich in die Kritik bis zuletzt antisemitische Töne mischen. Doch 1908 etabliert sich die Wiener Psychoanalytische Vereinigung; Weggefährten und Schüler entwickeln Ansätze und Methoden weiter und die Psychoanalyse setzt sich weltweit durch.

In den 20ern erreicht Freud die Hochphase seines Schaffens; es entstehen wichtige Werke, die heute zu den Klassikern der Psychoanalyse zählen. In *Jenseits des Lustprinzips* (1920) erweitert er sein Konzept der Triebe und differenziert diese in die Lebenstriebe, die von der Libido beherrscht werden, und die neu eingeführten Todestriebe, die Aggression, Destruktion und Tendenzen der Selbstzerstörung steuern. Sie ermöglichen Freud später auch luzide Deutungen zu Krieg und gesellschaftlich-kulturellen Zerstörungstendenzen, etwa in *Das Unbehagen in der Kultur* (1930).

Am Beispiel des Wiederholungszwangs entwickelt Freud hier auch seinen für die Psychoanalyse so wichtigen Mechanismus von Verdrängung und Widerstand gegen das Heraufholen des Verdrängten.

Bereits in *Massenpsychologie und Ich-Analyse* (1921) wendet er seine Terminologie auf die Gesellschaft an und untersucht die Mechanismen der „Massenseele", die er auch durch libidinöse Bindungen zusammengehalten sieht.

Ein weiterer Meilenstein ist *Das Ich und das Es* von 1923. Hier entwickelt Freud sein bekanntes Modell der Psyche mit den drei Instanzen „Es" als weitgehend unbewusster Repräsentant der Triebe, „Ich" als Kontrollinstanz der Triebbedürfnisse zur Außenwelt und „Über-Ich", das aus der Identifikation mit Autoritäten (Eltern) entsteht und das Ich kritisiert bzw. mit moralischen Ansprüchen konfrontiert, denen es nicht zu genügen meint und oft mit Schuldgefühlen reagiert. Dieses Modell der einander mannigfach beeinflussenden und kontrollierenden Instanzen wird in eine differenzierte Beschreibung der Triebe und der libidinösen Beziehungen eingebettet. Damit sind die Haupttheoreme der Freud'schen Psychoanalyse definiert.

In seinem Werk *Die Zukunft einer Illusion* von 1927 beschäftigt sich Freud erneut mit Religion und Vaterbildern, ein Thema, das ihn bis ans Lebensende nicht loslässt.

Freuds treueste Schüler und Anhänger gründen bereits im Jahr 1912 ein „Geheimes Komitee", das die Sache der Psychoanalyse gegen alle äußeren Fährnisse verteidigen soll. Diese Gruppe von sieben Personen (vgl. Foto) korrespondiert über viele Jahre intensiv miteinander.

Sigmund Freud (sitzend links) im Kreis seiner
Schüler und Mitbegründer der Psychoanalyse;
sitzend (von links) Sándor Ferenczi und Hanns
Sachs, stehend (von links) Otto Rank, Karl Abraham,
Max Eitingon und Ernest Jones. 1922

DIENER ZWEIER HERREN
MAX REINHARDT

In den Zwanzigerjahren ist Max Reinhardt der Tausendsassa der Wiener Theaterwelt, wie er zuvor der Tausendsassa der Berliner war. Mit seinen Einfällen zu Regie und Bühne, dem Einsatz von Dreh- und Arenabühnen und als Meister der Zusammenführung verschiedener Komponenten, der Tiefendimension und der indirekten Beleuchtung setzt er überall neue Maßstäbe und gilt als Begründer des modernen Regietheaters. Sein Einsatz von Menschenmassen in Statistenchören und Choreografien und sein Faible für technische Raffinessen lassen Kritiker vom „Zirkus Reinhardt" sprechen.

Ausgehend vom Kabarett „Schall und Rauch", dem Theater am Schiffbauerdamm, dem Deutschen Theater, den von ihm gegründeten Kammerspielen und der Volksbühne etabliert er bereits in den 1910er-Jahren in Berlin das Imperium der „Reinhardt-Bühnen", zu dem 1919 noch das neu errichtete Große Schauspielhaus, später die Komödie und das Theater am Kurfürstendamm unter seiner Leitung hinzukommen. Schließlich besitzt er in Berlin elf Theater mit über 10.000 Plätzen; niemand im Berliner Kulturleben kommt mehr an Max Reinhardt vorbei.

Schwierigkeiten in der unmittelbaren Nachkriegszeit und die erfolgreiche Konkurrenz des „politischen Theaters" unter Leopold Jessner lassen Reinhardt jedoch bereits 1920 damit drohen, er werde Berlin Richtung Österreich verlassen. Das tut er auch wirklich, doch von Berlin lassen kann er nicht und mischt ab 1924 erneut mit aller Kraft in der Berliner Theaterszene mit.

In Österreich wendet er sich zunächst nach Salzburg, verständigt sich mit Hugo von Hofmannsthal und inszeniert im August 1920 die erste *Jedermann*-Aufführung auf dem Salzburger Domplatz, mit der er eine bis heute bestehende Institution begründet.

Ab dem 1. April 1924 leitet er in Wien das Theater in der Josefstadt, das er im venezianischen Stil umbauen lässt. Er eröffnet mit dem *Diener zweier Herren* von Carlo Goldoni und bereits neun Tage später folgt Schillers *Kabale und Liebe*. In rascher Folge inszeniert der wie besessen arbeitende Reinhardt in den Zwanzigerjahren zahllose Stücke: Klassiker, aber auch zeitgenössische Autoren wie Hofmannsthal, Werfel, Hauptmann, Sommerset Maugham und George Bernard Shaw. Mit einem Ensemble der Spitzenklasse macht er das Josefstadt-Theater zu einem der weltweit führenden Häuser und entdeckt und fördert fast alle Bühnen- und Filmstars der kommenden Jahrzehnte. 1928 übernimmt er auch das Wiener Schlosstheater Schönbrunn und gibt 1929 die Anregung zur Gründung des Wiener Max-Reinhardt-Seminars, bis heute eine der renommiertesten Schauspiel- und Regie-Schulen.

Max Reinhardt (Mitte) begutachtet mit
Zeigestock das Modell einer Theaterbühne.
Wien, um 1926

KRITIKER IM CAFÉHAUS
DAS WELTGERICHT TAGT BEIM EINSPÄNNER

Auch die 20er sehen die Wiener Literaten wie Hugo von Hofmannsthal, Arthur Schnitzler, Stefan Zweig, Robert Musil und Hermann Broch im Caféhaus, wo es Usus ist, stundenlang bei einem Kaffee mit einem Glas Wasser am Tisch mit der runden Marmorplatte zu sitzen und intensiv alle ausliegenden Zeitungen zu studieren, Neuigkeiten zu kommentieren, zu diskutieren und seine Artikel zu schreiben. Wiener Cafés sind in dieser Zeit vor allem Bühne für scharfzüngige, wie Seismografen auf gesellschaftliche Strömungen und Stimmungen regierende Kulturkritiker, die sich zu Politik und sämtlichen Lebensbereichen äußern. Die meisten kämpften gegen die Enge des Kaiserreichs und kommen jetzt voll in Fahrt.

Eine Ein-Mann-Institution ist der streitbare und polemische Karl Kraus mit seiner Zeitschrift *Die Fackel*, der vor allem die nationale Hetzpresse, die „Journaille", mit ihren plumpen Parolen für die Massen aufs Korn nimmt und sprachlich seziert. Ab 1919 kann endlich sein fulminantes Menschheits-Drama *Die letzten Tage der Menschheit*, eine leidenschaftliche Anklage des Ersten Weltkriegs und aller Kriegstreiberei mittels Parolen, in mehreren Sonderheften erscheinen. In den 20ern löst er durch seine unerbittliche Art mehrere Gesellschafts- und Polit-Skandale aus. 1933 kommentiert er die Machtübernahme Hitlers in Deutschland: „Das Wort entschlief, als jene Welt erwachte". Seiner Lebensgewohnheit gemäß stirbt er 1936 an einem Herzinfarkt im Wiener Café Imperial.

Ebenso geistreich ist der Kritiker und Satiriker Alfred Polgar, Feuilletonchef der Wiener Zeitung *Der Neue Tag*, auch er ein regelmäßiger Kaffeehausliterat. Seine hintersinnigen Aphorismen werden zu geflügelten Worten, seine Kulturkritiken sind auch in Berlin gefragt, wo er in den 20ern auch fürs *Berliner Tageblatt* schreibt. Die Dreißigerjahre treiben ihn, Jude wie Karl Kraus, ins Exil.

Egon Friedell, Schauspieler und Literat, wird Österreichs führender Theaterkritiker der 20er und beginnt 1925 mit seiner dreibändigen *Kulturgeschichte der Neuzeit*. Wie Kraus und Polgar macht er das Café Central im Ersten Wiener Bezirk zu seinem Stammhaus. 1938 stürzt er sich, als SA-Leute den „Jud Friedell" verhaften kommen, aus dem Fenster seiner Wohnung.

Der Prager Jude Friedrich Torberg, eigentlich Friedrich Ephraim Kantor und in den 20ern Kritiker beim *Prager Tageblatt*, ist Stammgast in den Wiener Cafés Herrenhof und Rebhuhn, wo er mit den Geistesgrößen verkehrt, Theater- und Sportkritiken und schließlich Romane schreibt. Auch er muss 1938 ins Exil.

Streiter gegen jede Sprachverhunzung: Karl Kraus am Vorlesetisch. Aquarell von Alfred Hagel, um 1930

REGISTER

21 Club 111
Abraham, Karl 201
Admiralspalast 18–19
Agitprop 96, 104–105
Albers, Hans 16
Alcock, John 134
Alexanderplatz 8
Alfonso, Sarah 72
Alsberg, Max 36
Anglo-Persian Oil Company 78
Apollinaire, Guillaume 144
Aragon, Louis 144
Armstrong, Louis 56–57, 128
Arp, Hans 12
Art déco 70, 74–75, 78, 108, 146, 154–157, 173
Aschinger 26
Auden, W.H. 20
Baader, Johannes 12
Baker, Josephine 126, 146, 148–149, 158–159
Baker, Josephine 16
Baldwin, Stanley 77
Ball, Hugo 12
Barbier, George 154
Barradas, José 70–71, 72
Basie, William James „Count" 128
Bauhaus 98, 154, 187, 192
Baum, Vicki 40
Beaton, Cecil 88
Beaumont, Harry 116–117
Beinhorn, Elly 50
Benn, Gottfried 14
Berber, Anita 24
Berliner Dom 12
Betjeman, John 86
Bloch, Lazare 141
Blue Mouse 54
Börsencrash von 1929 54, 108, 114, 122, 136–137
Branco, Cassiano 74
Brecht, Bertholt 8, 14, 36
Breitner, Hugo 196
Breton, André 144
Bright Young People 80, 88–89
Bristol Club 70–71
Britannic House 78
British Empire Exhibition 86–87
British Union of Fascists (BUF) 79
Broadway 112, 114–117, 126
Brocco, Maurice 152
Broch, Hermann 204
Brooks, Louise 122–123
Brown, Arthur Whitten 134
Bunriha 187, 192–193
Burra, Edward 88
Cabral Metelo, Maria Luísa 66
Café A Brasileira 67, 72
Café de Flore 142
Café de la Paix 142
Café des Westens 14
Café Imperial 204
Café Josty 26
Café Piccadilly 28, 80
Café Voltaire 12
Calloway, Cab 128–129
Capone, Alphonse „Al" 56, 62–63
Carmona, António Óscar de Fragoso 68
Carrol, Earl 115
Casino de Paris 146
Chagall, Marc 144
Chanel, Gabriele „Coco" 122, 160–161
Chaplin, Charlie 84
Charleston 29, 122, 126–127, 158, 178
Chevalier, Maurice 146
Chicago Assembly 60
Chicago Black Renaissance 55
Christie, Agatha 94
Chrysler Building 108
Clajus, Hermann 48
Cole, Nat „King" 56
Compagnie Internationale des Wagons-Lits (CIWL) 94–95
Consul 8
Coolidge, Calvin 136
Cosa Nostra 110
Cotton Club 128
Coward, Noël 80
da Maia, Ernesto Canto 70
da Silva, Luís Cristino 74
Dadaismus 12, 144
Dalí, Salvador 144
de Almeida, Leopoldo 70
de Chirico, Giorgio 144
Derval, Paul 146
Deutsche Luft Hansa AG 50
Deutsches Theater 202
Dewey, Thomas 109
Diamond, Alice 85
Dias, Carlos Florêncio 74
Die, Hu 178–179
Dietrich, Marlene 16
Dix, Otto 10–11
Döblin, Alfred 8, 14
Dollfuß, Engelbert 197, 198
Domergue, Jean-Gabriel 66
dos Reis, Artur Alves 68
Earl Carrol Theatre 115
Edward VIII., Prince of Wales 82–83
Ehn, Karl 198
Einstein, Albert 8
Eisenstein, Sergej 102–103
Eisler, Hanns 14
Eitingon, Max 201
Eldorado 20
Elephant and Castle Gang 84
Elgar, Edward 86
Ellington, Duke 128
Élouard, Paul 144
Embassy Club 80
Empire State Building 108
Epsom Hold-Up 84
Europahaus 26
Ferenczi, Sándor 201
Fernandel 146
Ferreira, Reinaldo 70
Ferro António 70
Fitzgerald, F. Scott 122, 142
Fitzgerald, Zelda 142
Flagship Theater 132–133
Flapper Girls 108, 122–125, 126, 142
Flughafen Tempelhof 50
Folies Bergère 114, 146–149, 155, 158
Ford Motor Company 60–61, 78
Forty Elephants 84
Frauenwahlrecht 110, 120–121
Freud, Sigmund 200–201
Frey, Erich 36
Friedell, Egon 204
Frohman, Charles 114
Gabin, Jean 146
Galerie Burchard 12
Gargoyle Club 80
GEHAG (Gemeinnütziges Heimstätten-Aktien-Gesellschaft) 42
Generalstreik von 1926 92–93
Gennat, Ernst 36
George V., König von England 82
Gershwin, George 114
Glöckel, Otto 196
Goldoni, Carlo 202
Golossow, Ilja 100
Goodman, Benny 56
Goolden, Barbara 92
Goskino 102
Gran Premio di Roma 170
Great Depression 54, 79, 88, 114, 122
Great Migration 54, 56, 107
Green Gang 182–183
Gropius, Walter 98, 143, 192
Großmann, Carl 38
Grosvenor House Hotel 80
Grosz, George 8, 12–13, 14
Haarmann, Fritz 38
Haipai 180
Hall, Adelaide 128
Haller Revue 18–19
Hanau, Marthe 141
Hardin, Lillian „Lil" 56–57
Harlem 107, 118–119, 126, 128, 130–131
Harlem Renaissance 107, 118
Harry's New York Bar 142
Hat, Bruno 88
Hatry, Clarence 136
Hauptmann, Gerhart 202
Haus Vaterland 26, 28
Hausmann, Raoul 12–13
Hawes & Curtis 82
Heartfield, John 12
Held, John Jr. 122
Helm, Brigitte 34–35
Hemingway, Ernest 142, 152
Henderson, Fletcher 128
Hessel, Franz 28, 50
Hines, Earl 56
Hirohito, Kaiser von Japan 186
Hirschfeld, Magnus 8, 20
Hitler, Adolf 40, 48, 137, 164
Höch, Hannah 13
Holiday, Billie 128
Hollaender, Friedrich 14
Hollywood 132
Horiguchi, Sutemi 187, 192
Hotel Adlon 26, 51
Hotel Esplanade 26
Huelsenbeck, Richard 12
Hufeisensiedlung 8, 42–43
Hughes, Langston 118
Hurston, Zora Neale 118
Hyde Park 92–93
Immertreu-Prozess 36
Imperial Hotel (Tokio) 192
Iribe, Paul 160
Isherwood, Christopher 20
Ishimoto, Kikuji 193
Jazz 53, 55, 56–60, 70, 80, 108, 118, 122, 126, 128–129, 132, 140, 158, 188
Jenney, William Le Baron 54
Jin-rong, Huang 182–183
Johnson, Jack 128
Johnson, James P. 126
Jolson, Al 132–133
Jones, Ernest 201
Kabarett Schall und Rauch 202
KaDeWe 46
Kai-shek, Chiang 182
Kaiser-Wilhelm-Gedächtniskirche 14
Kaléko, Mascha 14
Kanto-Erdbeben 186, 190–191
Karl-Marx-Hof 196, 198–199
Karstadt 46–47
Kästner, Erich 14, 40
Kaufhaus Wertheim 26
Kempinski 28
Kimber, William „Billy" 84
King Oliver's Creole Jazz Band 56–57
Kipling, Rudyard 86
Kisch, Egon Erwin 8, 14, 40
Kokain 24–25, 70, 80
Kollo, Walter 16
Kollo, Willi 16
Komödie am Kudamm 202
Kosher Nostra 110
Kraus, Karl 204–205
Kuomintang 182
Kurfürstendamm 14, 16
Ladowski, Nikolai 98
LaGuardia, Fiorello 109
Lalique, René Jules 94, 154

Lang, Fritz 8, 32–35
Lansky, Meyer 110
Latimer Felton, Rebecca Ann 120
Laws, Andrew Bonar 77
Le Bourget 134–135
Le Corbusier, Charles-Édouard Jeanneret-Gris 150–151, 192
Lebedev, Wladimir 105
Leberecht, Migge 42
Leib, Adolf 36
Lenin, Wladimir Iljitsch Uljanow 99, 104
Les Deux Magots 142–143
Lido 146
Liebermann, Max 14
Lincke, Paul 38
Lincoln Gardens Café 56
Lindbergh, Charles 134–135
Lissitzky, El 100
Lloyd George, David 77, 79
Locke, Alain LeRoy 118
London Club 80
Lost Generation 142
Luciano, Lucky 110
Luna-Park 30–31
Lutyens, Edward 78
LZ 127 Graf Zeppelin 50–51
MacDonald, Ramsay 77
MacElhorn, Harry 142
Madden, Owney „The Killer" 128
Mafia 56, 62, 84, 108, 110
Mahler, Gustav 196
Majakowski, Wladimir 104
Malewitsch, Kasimir 154
Mallarmé, Stéphane 142
Mallowan, Max 94
Mammen, Jeanne 8
Mann, Erika 40
Mann, Klaus 40
Marinetti, Filippo Tommaso 170
Marques, Bernardo 72
Martinho da Arcadia 67
Marx, Karl 100
Mason, Charlotte 118
Matisse, Henry 80
Matteotti, Giacomo 164
Maugham, Sommerset 202
Maurras, Charles 142
McCormick, Robert R 54
McDonald, Charles „Wag" 84
Melnikow, Konstantin 100
Metcalfe, Edward Dudley 83
Metro-Goldwyn-Meyer 132
Metropolis 32–35
Metropolitan Railway (London) 79
Meyer, Hannes 98
Meyers Hof 44–45
Meyrick, Kate 84
Mille Miglia 170
Miller, Arthur 114
Miró, Joan 144
Mistinguett 146
Modan Garu 188–189
Modigliani, Amedeo 144

Monza 170–171
Moor, Dmitriy Stakhievich 96
Morand, Paul 152
Morrow, Anne 134
Mosse-Verlag 40
Moulin Rouge 146
Murnau, Friedrich Wilhelm 8
Musil, Robert 204
Mussolini, Benito 142, 163–165, 166, 168
Nadel, Otto 156–157
Negreiros, José de Almada 70, 72–73
Nelson, Rudolf 16
Nielsen, Asta 122, 134, 160
Novello, Ivor 80
NSDAP 9
O'Neill, Eugene 114
Oliver, Joe „King" 56–57
Opera Nazionale Dopolavoro (OND) 168
Orientexpress 94
Orteig, Raymond 134
Osborne, Charles 94
Pacheco, José 72
Panzerkreuzer Potemkin 102–103
Patout, Pierre 154
Péret, Benjamin 144
Pessoa, Fernando 67, 70
Piacentini, Marcello 166
Picasso Pablo 144
Piccadilly Circus 78
Pickford, Mary 188
Pico, Maurice 146, 155
Pista del Littorio 170
Poiret, Paul 160
Polgar, Alfred 204
Porter, Cole 114
Potsdamer Platz 8, 26–27, 28
Pound, Ezra 142
Printemp, Yvonne 146
Prohibition 62–65, 108, 110–113, 126
Prou, René 94
Ramos, Carlos 70, 74
Rank, Otto 200, 201
Rankin, Jeannette 120
Reinhardt, Max 8, 202–203
Reiniger, Lotte 8
Reismannhof 198
Remarque, Erich Maria 10, 14
Residenz-Casino 28
Reumann, Jakob 195
Reumannhof 198
Reuter, Ernst 8
Reutter, Otto 16
Riedl, Josef 198
Ringelnatz, Joachim 14
Ringvereine 36
Robinson, Bill „Bojangles" 128
Romanisches Café 14–15
Roosevelt, Franklin D. 136
Roth, Joseph 8, 40
Ruhlmann, Jacques-Émile 154
Russakow-Klub 100
Ruth, George Herman „Babe" 134

Ruttmann, Walther 7
Ryan Aeronautical 134–135
Sabini-Brüder 84
Sachs, Hanns 201
Saffron Hill 84
Saint Valentine's Day Massacres 62
Salazar, António de Oliveira 68, 70
Sandberg, Carl 55
Savoy Plaza Hotel 108
Schaljapin, Fjodor 178
Scheidemann, Philipp 8
Scherl-Verlag 40
Schlesinger, Paul 38
Schlosstheater Schönbrunn 202
Schmalhofer, Karl 156–157
Schnitzler, Arthur 204
Scholochow, Michail 100–101
Scholte, Frederick 82
Schumann, Friedrich 38
Sechstagerennen 152–153
Seitz, Karl 196, 198
Shaw, George Bernhard 202
Small's Paradise Club 130–131
Soares, António 70, 72
Soupault, Philippe 144
Southern Railway (London) 79
Speak-Easy 108, 110, 122
Spirit of Saint Louis 134–135
Stalin, Josef Wissarionowitsch 100, 104
Stein, Gertrude 142
Strandbad Wannsee 8, 48–49
Sujew-Klub 100
Sullivan, Louis Henry 54
Sunset Café 56
Surrealismus 12, 144–145
Swift & Company 60
Tammany Hall 109
Tandler, Julius 196
Tanizaki, Jun'ichiro 188
Taut, Bruno 42–43, 152
Teatro Éden 74–75
Telmo, José Angelo Cottinelli 74
Telschowhaus 26
The Jazz Singer 132–133
Theater am Schiffbauerdamm 202
Théatre des Champs-Elysées 158
Thomas Cook and Son 20, 94
Thornton, Walter 137
Tietz, Hermann 46
Torberg, Friedrich 204
Torrence Avenue Assembly 60
Trades Union Congress (TUC) 92
Tribune Tower 54
Tucholsky, Kurt 16, 40
Ufa 32–35, 40
Ullstein Verlag 40
Union Stock Yards 53, 60
United Negro Improvement Association (UNIA) 119

Valentino, Rudolph 134
Van Alen, William 108
Van Kempen, Piet 152–153
Vel d'Hiv 152
Verlaine, Paul Marie 142
Viana, Eduardo 70, 72
Voisin, Gabriel 150
Volksbühne 202
Vollmoeller, Karl 16
von Brentano, Bernard 46, 50
von Harbou, Thea 32
von Hofmannsthal, Hugo 202, 204
Wagler, Ottokar 42
Wagner, Martin 8, 42, 48
Waldoff, Claire 16
Walker, Jimmy 108
Wall Street 108, 136
Warner Brothers Pictures Inc. 132
Waters, Ethel 128
Waugh, Evelyn 88
Wchutema 98
Weill, Kurt 8
Weinhaus Rheingold 26
Wells, H.G.
Wembley 77, 86–87
Werfel, Franz 14, 202
Wertheim 46
Wertinski, Alexander 176
West End (London) 80–81
Wilde, Oscar 142
Wilder Billy 14
Williams, Tennessee 114
Wilson, Woodrow 110, 120
Wind Blew Inn 54
Wintergarten Varieté 16
Woolley, Leonard 94
Wright, Frank Lloyd 54, 192
Wrigley Building 54
Wurz'n Sepp Family Resort 54
Xiaolin, Zhang 183
Yoshihito, Kaiser von Japan 186
Yuesheng, Du 182–183
Zanuck, Daniel F. 132
Ziegfeld Follies 114
Ziegfeld, Florenz 114
Zorbaugh, Harvey Warren 54
Zweig, Stefan 14, 204